T0123300

essentials

essentials liefern aktuelles Wissen in konzentrierter Form. Die Essenz dessen, worauf es als „State-of-the-Art" in der gegenwärtigen Fachdiskussion oder in der Praxis ankommt. *essentials* informieren schnell, unkompliziert und verständlich

- als Einführung in ein aktuelles Thema aus Ihrem Fachgebiet
- als Einstieg in ein für Sie noch unbekanntes Themenfeld
- als Einblick, um zum Thema mitreden zu können

Die Bücher in elektronischer und gedruckter Form bringen das Expertenwissen von Springer-Fachautoren kompakt zur Darstellung. Sie sind besonders für die Nutzung als eBook auf Tablet-PCs, eBook-Readern und Smartphones geeignet. *essentials:* Wissensbausteine aus den Wirtschafts-, Sozial- und Geisteswissenschaften, aus Technik und Naturwissenschaften sowie aus Medizin, Psychologie und Gesundheitsberufen. Von renommierten Autoren aller Springer-Verlagsmarken.

Weitere Bände in der Reihe http://www.springer.com/series/13088

Michael Treier · Thorsten Uhle

Einmaleins des betrieblichen Gesundheitsmanagements

Eine Kurzreise in acht Etappen zur gesunden Organisation

2., vollständig überarbeitete Auflage

Michael Treier
Fachhochschule für Öffentliche
Verwaltung NRW in Duisburg
Duisburg, Deutschland

Thorsten Uhle
Gevelsberg, Deutschland

ISSN 2197-6708   ISSN 2197-6716   (electronic)
essentials
ISBN 978-3-658-23310-5   ISBN 978-3-658-23311-2   (eBook)
https://doi.org/10.1007/978-3-658-23311-2

Die Deutsche Nationalbibliothek verzeichnet diese Publikation in der Deutschen Nationalbibliografie; detaillierte bibliografische Daten sind im Internet über http://dnb.d-nb.de abrufbar.

© Springer Fachmedien Wiesbaden GmbH, ein Teil von Springer Nature 2019
Das Werk einschließlich aller seiner Teile ist urheberrechtlich geschützt. Jede Verwertung, die nicht ausdrücklich vom Urheberrechtsgesetz zugelassen ist, bedarf der vorherigen Zustimmung des Verlags. Das gilt insbesondere für Vervielfältigungen, Bearbeitungen, Übersetzungen, Mikroverfilmungen und die Einspeicherung und Verarbeitung in elektronischen Systemen.
Die Wiedergabe von Gebrauchsnamen, Handelsnamen, Warenbezeichnungen usw. in diesem Werk berechtigt auch ohne besondere Kennzeichnung nicht zu der Annahme, dass solche Namen im Sinne der Warenzeichen- und Markenschutz-Gesetzgebung als frei zu betrachten wären und daher von jedermann benutzt werden dürften.
Der Verlag, die Autoren und die Herausgeber gehen davon aus, dass die Angaben und Informationen in diesem Werk zum Zeitpunkt der Veröffentlichung vollständig und korrekt sind. Weder der Verlag noch die Autoren oder die Herausgeber übernehmen, ausdrücklich oder implizit, Gewähr für den Inhalt des Werkes, etwaige Fehler oder Äußerungen. Der Verlag bleibt im Hinblick auf geografische Zuordnungen und Gebietsbezeichnungen in veröffentlichten Karten und Institutionsadressen neutral.

Springer ist ein Imprint der eingetragenen Gesellschaft Springer Fachmedien Wiesbaden GmbH und ist ein Teil von Springer Nature
Die Anschrift der Gesellschaft ist: Abraham-Lincoln-Str. 46, 65189 Wiesbaden, Germany

Was Sie in diesem *essential* finden können

- Ein Plädoyer für Investitionen in die gesunde Arbeitswelt
- Eine Reisebeschreibung zur gesunden Organisation
- Informationen und Tipps zu den Etappen der Implementierung des betriebliches Gesundheitsmanagements
- Klärung praktischer Fragen zur Implementierung
- Eine Übersicht zu den Erfolgsfaktoren des betrieblichen Gesundheitsmanagements
- Gebote für ein modernes und wirksames BGM in der Praxis

Inhaltsverzeichnis

Abkürzungsverzeichnis

AGS	Arbeits- und Gesundheitsschutz
BEM	Betriebliches Eingliederungsmanagement
BGF	Betriebliche Gesundheitsförderung
BGM	Betriebliches Gesundheitsmanagement

Gut geplant ist halb gewonnen! 1

*Wandern? Was hat das mit BGM zu tun? Viel, denn
gesunde Arbeitswelten zu schaffen, ist wie das Erwandern
eines Berges. Läuft man zu schnell hoch, geht einem
die Luft aus. Ist man zu langsam, muss man umkehren.
Wer wagt, gewinnt: Kleiderschrank auf, bequeme
Wanderbekleidung an und los. Die Freunde, die uns zum
„Wanderprojekt BGM“ überredet haben, warten schon
draußen. Hoffentlich haben wir nichts vergessen, denn
beim Wandern ist die Planung schon der halbe Erfolg.*

1.1 Warum lohnt sich die Reise?

„Es gibt kein schlechtes Wetter, nur schlechte Kleidung!“ Doch auch mit
funktionalem Outdoor-Outfit macht eine Wanderung im Regen nur begrenzt
Spaß. Schauen wir uns die Wetterprognose genauer an. Düstere Tiefdruck-
gebiete nahen, aber auch kräftige Hochdruckgebiete kündigen sich an.

Tiefdruck- und Hochdruckgebiete in der Region „Gesunde Organisation“

↓ *Erstes Tiefdruckgebiet – Zivilisationskrankheiten:* Grau und im wahrsten
Wortsinne gewichtig zieht dieses Tiefdruckgebiet am Horizont auf. Zum einen
handelt es sich um Stoffwechselerkrankungen. Wir Deutsche werden immer
dicker! Die Auftretenswahrscheinlichkeit von Übergewicht und Adipositas
(„Fettsucht“) ist im internationalen Vergleich hoch – erschreckend hoch ist

© Springer Fachmedien Wiesbaden GmbH, ein Teil von Springer Nature 2019
M. Treier und T. Uhle, *Einmaleins des betrieblichen Gesundheitsmanagements*,
essentials, https://doi.org/10.1007/978-3-658-23311-2_1

das deutlich gestiegene Adipositasrisiko. Nicht nur bei älteren, auch bei jüngeren Menschen. Damit korreliert sind Stoffwechselerkrankungen wie das metabolische Syndrom, das sich neben Stammfettsucht aus hohen Blutfettwerten, Insulinresistenz und Bluthochdruck speist. Neben den Stoffwechselerkrankungen konstatieren wir eine gravierende Zunahme an psychischen Störungen wie Substanz-, somatoforme, depressive und Angststörungen. Diese Störungsbilder lassen sich immer schwerer voneinander abgrenzen und gewinnen in unserer Leistungskultur an Nährboden. Sie gehen oftmals mit Leistungseinschränkungen, Schlafstörungen und Erschöpfung, Schmerzsymptomen oder funktionellen Beschwerden im Herz-Kreislauf- und Magen-Darm-Bereich einher. Ihre Folgen für die Arbeitswelt sind katastrophal, so zwingen psychische Störungen immer mehr Menschen in die Frührente. Und es ist weit verbreitet – werfen Sie einen Blick in den aktuellen Depressionsatlas der Techniker Krankenkasse!

↓ *Zweites Tiefdruckgebiet – demografischer Wandel:* Wir werden aufgrund des medizinischen Fortschritts und besserer Lebensbedingungen im Mittel deutlich älter – und viele von uns werden bis ins hohe Alter arbeitsfähig sein. Gut für den Einzelnen. Allerdings gibt es auch eine Umkehrseite der Medaille, nämlich Auswirkungen gesamtgesellschaftlicher Art auf das Sozialsystem mit den Renten- und Krankenkassen, aber auch für die Arbeitswelt: Das Renteneintrittsalter wird steigen, die Krankenkassenbeiträge werden höher ausfallen, Themen wie Gesundheits- und Demografiemanagement stehen auf der betrieblichen Tagesordnung, und der Beschäftigte muss sich in diesem tief greifenden Wandel zurechtfinden. Da wir im Mittel älter als unsere Vorgängergenerationen sein werden, steigt auch das statistische Risiko für chronische Langzeiterkrankungen wie Diabetes, Demenz oder Rückenleiden an. Der Fachkräftemangel verschlimmert die Situation für die Arbeitswelt. Daher kann die Arbeitswelt chronische Erkrankungen und eingeschränkte Arbeitsfähigkeit nicht mehr aus ihrem Alltag ausklammern.

Nach jedem Regenschauer kommt wieder Sonnenschein. Das liegt v. a. an den Hochdruckgebieten:

↑ *Erstes Hochdruckgebiet – Gesundheitskompetenz:* Die Gesundheitskompetenzen fallen breiter und differenzierter aus. Das Wissen ist also da, nur mit dem Handeln hapert es (träges Wissen). Einige, leider aber nicht alle gehen proaktiv mit dem Thema Gesundheitsförderung um. Wir beschaffen uns Informationen, sind im Fitnessstudio angemeldet, laufen nach dem Feierabend durch den Park und achten auf eine ausgewogene Ernährung.

Das steigert nicht nur unsere Fitness und Zufriedenheit, das steigert auch unsere Ansprüche auf ein gesundes Leben und eine gesunde Arbeit. Das Bindeglied einer guten Balance zwischen beruflichem und außerberuflichem Leben ist das BGM – nur so findet der Beschäftigte seine Gesundheitsansprüche in beiden Lebenswelten erfüllt.

↑ *Zweites Hochdruckgebiet – Arbeitsbedingungen:* Unternehmen investieren in Arbeitsgestaltung und Ergonomie. Man optimiert die Verhältnisse. Im Büro wie in der Produktion finden wir größtenteils eine angemessene Gestaltung der Mensch-Maschine-Schnittstelle (kognitive Ergonomie). Produktionsanlagen werden nach alternsgerechten Kriterien errichtet, und die Bildschirmarbeitsplätze im Büro genügen hinsichtlich der Hard- und Software den Anforderungen der Bildschirmarbeitsverordnung. Moderne Arbeitsplätze fokussieren nicht ausschließlich nur den Anwender und seinen Arbeitsplatz, heute rücken auch zunehmend Arbeitsprozesse in den Vordergrund und die Schnittstelle zwischen Arbeitnehmern und Kunden.

↑ *Drittes Hochdruckgebiet – berufliche Rehabilitation:* Und wenn es dann mal passiert, haben wir moderne Rehabilitationswege, um den Betroffenen zu helfen und sie möglichst „smart" in die Arbeitswelt zurückzuführen: Betreuungen durch interne oder externe Integrationsfachdienste, technische Anpassungen der Arbeitsmittel, Früheingliederungsprogramme wie das Hamburger Modell und Weiterbildungen sind wirksame Instrumente im Werkzeugkasten der beruflichen Rehabilitation. Im BEM kann der Mitarbeiter diese Rehabilitationswege in Anspruch nehmen.

Aus unseren Gesundheitsanalysen bei nahezu 20.000 Beschäftigten und aus weiteren Studien in diversen Branchen resultieren **Grundgesetze der betrieblichen Gesundheitslage** (aus Uhle und Treier 2015, S. 30 ff.):

§ *Bei den Arbeitsbelastungen menschelt es mehr.*
Klassische ergonomische Belastungen wie Hitze, Lärm, Heben und Tragen schwerer Lasten treten immer mehr in den Hintergrund. Dafür erklimmen psychosoziale und aufgabenbezogene Belastungen wie Arbeitsdichte und Konflikte die Top-Plätze. Ein modernes BGM muss sich damit auseinandersetzen und einen Paradigmenwechsel einläuten.

§ *Wandelprozesse im Großen wie im Kleinen.*
Anspruchssteigerung und Dynamik sind Markenzeichen der modernen Arbeitswelt. Die Organisationen, aber auch die Mitarbeiter sind dem steten Wandel unterworfen. Flexibilität und Anpassungsfähigkeit sind keine Modebegriffe, sondern lebenswichtige Attribute in einer hochdynamischen Welt. Das Delta

zwischen Qualifikationen und Berufsanforderungen wird größer. Wer nicht am Ball bleibt und sich bewegt, läuft Gefahr, als „Strandgut" zu enden. Damit steigt der Arbeitsdruck.

§ *Der Einzelne im Team ist oft allein.*

Soziale Unterstützung ist eine effektive Präventionsressource. Sich auf Kollegen und Vorgesetzte verlassen zu können, wenn es stressig wird, und im Bedarfsfall auch Hilfe anzunehmen, ist ein wesentlicher Schutzfaktor und Puffer. Doch tritt dieser Ressource der ausufernde Individualismus entgegen, der auch die eigene Inanspruchnahme sozialer Hilfe hemmt. Das wirkt sich wiederum auf Betriebsklima und Lösung von Konflikten aus – wo vieles dann eskaliert. Hinzu kommt, dass sich immer weniger Mitarbeiter mit ihrem Unternehmen identifizieren, was sich nicht nur beim Absentismus manifestiert, sondern auch im Teamverhalten (abnehmendes Commitment).

§ *Führungskräfte sind in einer schwierigen Position.*

Führungskräfte müssen sich in kurzzyklischen Abständen schulen. Mitarbeiter- und aufgabenorientiertes, werteorientiertes Führen, Führen von „schwierigen" Mitarbeitern, das gute Führungsgespräch … und jetzt noch gesundes respektive gesundheitsgerechtes Führen. Die Problematik ist, dass die Komplexität der Führungsaufgabe wächst, allerdings ohne Ausgleich durch Ressourcen. Mitarbeiter zu motivieren, sie teilnehmen zu lassen, Ziele mit ihnen zu definieren und die Zielerreichung zu begleiten … all das ist gesundheitsförderlich, braucht aber Zeit! Gesundes Führen ist daher in der Praxis eher selten zu finden. Als Bild eignet sich hier etwas überspitzt die Oase in der Wüste.

§ *Frauen sind die besseren Gesundheitsmanagerinnen.*

Frauen zeigen im Vergleich zu Männern ein größeres Interesse und eine höhere Sensibilität für Gesundheit. Sie nehmen eher Unterstützung in Anspruch und sind auch mehrheitlich in gesundheitsförderlichen Maßnahmen zu finden. Auch ist ihre Gesundheitskompetenz in Bezug auf Selbstwirksamkeit im Schnitt stärker als bei ihren männlichen Kollegen ausgeprägt, d. h., sie formulieren für sich Gesundheitsziele und versuchen diese zu erreichen, gehen proaktiv mit gesundheitsrelevanten Informationen um, nehmen körperliche und psychische Signale achtsamer wahr und trauen sich eher eine erfolgreiche Bewältigung zu. Gut so, denn die Herausforderung Work Life Balance nimmt bei dieser Gruppe zu.

§ *Es brennt immer öfter.*

Gereiztheit, Ruppigkeit im sozialen Umgang, nach der Arbeit nicht abschalten können und über arbeitsbezogene Probleme auch zu Hause grübeln … all das sind Indikatoren für negative Beanspruchungsfolgen, für ein Zuviel an Arbeit und ein ineffektives Coping. Es trifft immer mehr Mitarbeiter, und die Zunahme ist geradezu exponentiell. Aus den Fehlbeanspruchungen können sich mit der Zeit langfristige Stressbeschwerden mit psychosomatischen Implikationen ergeben. Unsere Studien zeigen, dass z. B. ein großes Risiko für Stressbeschwerden bei älteren Mitarbeitern in Vollkonti-Schichten vorliegt.

§ *Die Volkskrankheiten sind im Vormarsch.*

Fragt man Beschäftigte, wie häufig in den letzten 12 Monaten stressinduzierte Beschwerden aufgetreten sind, geben durchschnittlich 47 % der Befragten an, dreimal pro Woche bis fast täglich unter Müdigkeit, Zerschlagenheit, Schlafstörungen und Konzentrationsschwierigkeiten („mangelnde Erholungs-fähigkeit"), 34 % unter Rücken-, Kreuz-, Nacken- und Schulterschmerzen („Rücken") und 32 % unter depressiver Verstimmung und emotionaler Erschöpfung („Psyche") zu leiden. Diese „Top 3" korrespondieren mit den Gesundheitsberichten der Krankenkassen auf Basis ärztlicher Diagnosen.

§ *Die Arbeitsfähigkeit nimmt ab.*

Diese Erkenntnis ist seit den Studien rund um den „Work Ability Index" bekannt. Überraschend ist aber, dass die bislang beobachtete Korrelation zwischen Alterszunahme und Abnahme der Arbeitsfähigkeit kein zementiertes Gesetz darstellt. Im Gegenteil zeigen sich Hinweise, dass die Arbeitsfähigkeit junger Mitarbeiter in Abhängigkeit von Belastungsprofilen teilweise schneller abfällt als die von älteren Mitarbeitern. Daher sollte man die aktuelle und zukünftige Arbeitsfähigkeit messen, aber nicht ausschließlich. Eine moderne Gesundheitsbewertung setzt nicht nur defizitorientiert an den Belastungen an und orientiert sich an den Beschwerden, sondern forciert einen salutogenetischen Ansatz vom Medizinsoziologen Aaron Antonovsky, in der es auch um Ressourcen und Stärken geht (Resilienzmodell).

§ *Die Wohlstandskrankheit: das metabolische Syndrom.*

Aus Präventionssicht bereitet der Bedeutungszuwachs des metabolischen Syndroms Kummer (Bluthochdruck, veränderte Blutfettwerte, Insulin-resistenz und stammbetonte Fettleibigkeit als tödliches Quartett). Dabei handelt es sich um eine Kohlenhydrat- und Fettstoffwechselstörung, die sich schleichend entwickelt und im Zusammenhang mit einer zunehmenden Fehl-ernährung und körperlichen Inaktivität steht. Manche Menschen scheinen eine Art Disposition zu haben. Etwa 25 % aller Bundesbürger sollen vom metabolischen Syndrom betroffen sein. Wenn die Zunahme der Prävalenz nicht gestoppt wird, drohen hier dramatische Zunahmen von Diabetes und arterio-sklerotischen Folgeerkrankungen wie Herzinfarkt. Präventiv sind eine radikale Umstellung der Lebens- und Ernährungsgewohnheiten unerlässlich. Aber gerade an dieser Stelle kämpfen wir gegen typische Verhaltenspathogene an. Wie lassen sich eingefahrene, krankmachende durch neue, gesundheitsförder-liche Verhaltensweisen ersetzen?

Hinweis: In unserem Fachbuch finden Sie eine empirische Herleitung zum Gesundheitsstatus und zu den Risiken. Eine gute Fundquelle ist die Gesundheitsberichterstattung des Bundes. Besonders empfehlen wir die Ergebnisse der DEGS-Studien des Robert-Koch-Instituts (www.degs-studie.de). Bemerkenswert sind auch die Ergebnisse der umfassenden Studie des Deutschen Krebsforschungszentrums Heidelberg mit ca. 25.000 Teilnehmern im Rahmen der gesamteuropäischen Studie EPIC zum Zusammenhang von Ernährung, Lebensstilfaktoren und Krebs. Die Resultate zeigen, dass es sich lohnt, vermeidbare Risiken wie Bewegungsmangel oder Gewichtsentgleisung im Gesundheitsverhalten pro-aktiv anzugehen (https://www.dkfz.de/de/epidemiologie-krebserkrankungen/).

Zur Vorbereitung unserer Tour ist ein **Überblick zur Großwetterlage** erforderlich. Wir kennen jetzt die Rahmenbedingungen und Megatrends, die unsere Aufgaben definieren, und in deren Grenzen wir BGM gestalten können. Doch wollen wir nicht gleich das ganze Land durchwandern, sondern vielmehr eine bestimmte Region erkunden – unser Unternehmen. *Wie sieht die lokale Wetterlage aus?*

Der Entschluss ist gefasst: Die gesunde Organisation ist der angestrebte Gipfel. Als Dach integriert BGM die Handlungsfelder rund um gesunde Arbeit. Dabei setzt BGM auf Managementinstrumente sowie auf nachhaltige Verankerung in Strukturen und Prozesse. Bestandteile des BGM sind BGF, AGS, BEM sowie Bereiche der Personal- und Sozialarbeit und Organisationsentwicklung (Tab. 2.2). Die gesundheitsbezogenen Handlungsfelder sind in ihren Schwerpunkten eigenständig unterwegs und greifen teilweise auf verschiedene gesetzliche Grundlagen zur Legitimation zurück. Sie sollten aber in enger Abstimmung das Ziel der gesunden Organisation vorantreiben.

Wie kommen wir zu diesem Ziel? Das hängt immer ganz davon ab, wie geübt wir sind!

1.2 Wohin geht die Reise und wen nehmen wir mit?

Wanderroute für Ungeübte

Wenn das Thema Gesundheit noch nicht in den Unternehmenswerten verankert ist und im betrieblichen Alltag gelebt wird, sollten wir uns für eine Wanderroute für Ungeübte entscheiden. Zur Implementierung von BGM benötigen wir eine „Task Force", die sich von der Geschäftsführung das Go holt und mit der Geschäftsführung das Ziel und die Stoßrichtung festlegt: Vision, Mission und

Strategie sind Schlagworte, die mit Leben gefüllt werden müssen. Die **Legitimation des BGM durch das Management** ist eine Voraussetzung für die Wanderung. Ist die Task Force beauftragt, müssen Visionen und Missionen in Strategien überführt werden. Es ist empfehlenswert, dass die Mitglieder der Task Force möglichst alle relevanten Fachfunktionen und Hierarchien abdecken, da es sich beim BGM um eine **Querschnittsaufgabe** handelt: Gesundheitsexperten wie Psychologen und Betriebsärzte, Vertreter aus der Arbeitssicherheit und der Unternehmenskommunikation, Betriebsräte und Personaler, aber auch gesundheitsaffine Multiplikatoren aus Führungs- und Mitarbeiterebene. Die Anlaufphase des BGM sollte immer durch einen Experten moderiert werden. Wenn im Unternehmen keine Experten vorhanden sind, bieten Krankenkassen, externe Dienstleister etc. ihre Unterstützung an. Ziel sollte es auf jeden Fall sein, dass, falls noch nicht vorhanden, ein interner **Gesundheitskoordinator** qualifiziert wird, damit das BGM nicht von außen, sondern aus dem Unternehmen heraus gesteuert wird. Zur Planung gehören u. a. die Festlegung der Häufigkeit der Treffen und das Marketing. *„Tue Gutes und sprich darüber!"* ist das Motto, das wir von Anfang an befolgen müssen – ohne zielgruppengerechte Kommunikation wird es nichts mit dem „Gipfelsturm" BGM.

Wanderroute für Geübte
Nach der Phase der Implementierung, die etwa zwei bis drei Jahre dauert, geht es um die Konsolidierung des BGM. Der geübte Wanderer braucht andere Wanderrouten als der Ungeübte – es geht um Herausforderung und Motivation. Die BGM-Strukturen sind vorhanden, BGF-Maßnahmen werden erfolgreich durchgeführt. Vielleicht liegen schon positive Entwicklungen in den Gesundheitskennwerten vor. Doch es lauert eine nicht zu unterschätzende Gefahr: BGM wird zur Routine und verschwindet im Rauschen zahlreicher anderer Projekte. Schlimmer noch – BGM wird zur Alibifunktion für nicht gesundheitsfördernde Veränderungsprozesse! Es ist sehr wichtig, das sich das BGM in der Konsolidierungsphase vom Projektcharakter verabschiedet und „anspruchsvoller" auftritt – die Mitarbeiter dürfen hinsichtlich ihrer Eigenmotivation mehr gefordert werden und Verantwortliche müssen kreativ sein, um Beschäftigte zu überraschen und hinsichtlich Gesundheit am Ball zu halten. Während in der Implementierungsphase noch viel experimentiert wurde, liegt der Fokus in der Konsolidierungsphase in der **Standardisierung der Prozesse und Maßnahmen** (Qualitätssicherung).

Unabhängig von der Geübtheit bzw. dem Reifegrad des BGM benötigen wir stets eine **Meilensteinplanung**: Bis wann wollen wir was erreicht haben, was sind Gesundheitskennzahlen, an denen wir unsere Erfolge messen können, und welche Ressourcen benötigen wir? Um zu wissen, wo man steht, empfiehlt sich eine Bestandsaufnahme, bspw. mithilfe des CHA Quick-Checks (https://www.corporate-health-award.de/der-ch-award/cha-quick-check/).

1.3   Was muss in den Rucksack?

Seien Sie nicht geizig, denn BGM ist eine Herkulesaufgabe und kann nicht en passant realisiert werden. Es gibt Gepäckstücke, die unbedingt in den Rucksack müssen, und Gepäckstücke, die man dabei haben sollte. Zu den **Kürmodulen** gehören v. a. verhaltensorientierte Maßnahmen:

⟩ *Aufklärung und Beratung* zu Ernährung, Sucht, psychosozialen Belastungen und speziellen Risiken wie Muskel- und Skelett- oder psychische Beschwerden.
⟩ *Gesundheitsförderungsprogramme* zur körperlichen (Bewegung) und psychischen Fitness (kognitive Techniken) sowie zur Steigerung der Erholungsfähigkeit. Kurzum „Bewegung, Ernährung und Wohlbefinden". Resilienzfördernde Maßnahmen sollen die „Biegsamkeit" im Sinne der psychischen Widerstandskraft erhöhen.

Der Einsatz der Kürmodule in Präventionsprogrammen ist wichtig, um die Erwartungen der Teilnehmer zu erfüllen – allerdings dürfen sich die Interventionen nicht ausschließlich darauf beschränken. Die **Pflichtmodule** sollten die Kürmodule flankieren. Sie sind struktur- und prozessorientiert und damit teilweise nicht unmittelbar mit der individuellen Gesundheit assoziiert, also etwas abstrakter.

⟩ Zur *Gestaltung der Arbeitswelt* gehören u. a. ergonomische Arbeitsplatzgestaltung, Optimierung der Arbeitsorganisation und Arbeitszeitgestaltung.
⟩ Das *Informations- und Kommunikationsmanagement* umfasst Arbeitskreise, Mitarbeiter- und Rückkehrgespräche, Beratungsgespräche zu Gesundheitsthemen und Gesundheitsevents.

〉 In der *psychosozialen und arbeitsmedizinischen Betreuung* geht es um die Aufklärung, Beratung und Früherkennung spezieller Gesundheitsrisiken sowie
Angebote für besondere Zielgruppen (z. B. Arbeiten mit Gefahrstoffen).

〉 Zur *Mitarbeiterbeteiligung* gehört eine regelmäßige Befragung über
Belastungen, Ressourcen, Beanspruchungsfolgen sowie Erwartungen zum
Bereich Gesundheit. Des Weiteren fördern Gesundheitszirkel, Gruppenarbeit
und ein betriebliches Vorschlagswesen die Partizipation und somit die Akzeptanz von Maßnahmen.

〉 Das *BEM* greift nach 42 Tagen krankheitsbedingtem Fehlen innerhalb von
12 Monaten. Der Arbeitgeber hat nach § 167, Abs. 2, SGB IX (bis 31.12.2017:
§ 84 Abs. 2 SGB IX) den betroffenen Mitarbeitern Unterstützung anzu-
bieten, um die Arbeitsunfähigkeit möglichst zu überwinden und zu klären,
mit welchen Leistungen erneuter Arbeitsunfähigkeit vorgebeugt werden kann.
Konkret können mit Zustimmung der Betroffenen individuelle Wiederein-
gliederungspläne gestaltet oder Umgestaltungserfordernisse des Arbeitsplatzes
oder der -mittel geprüft und umgesetzt werden.

Im Frühtau zu Berge ...

2

Nach der Vorbereitung geht es los – wir empfehlen am Anfang Tagesausflüge zu den Etappenzielen. Gerade die ersten Schritte sind entscheidend, ob es gelingt, die gesamte Reise zu bewältigen. Meilensteine sind die Verständigung über Präventionsziele, die Bestimmung der Ausgangslage, der Aufbau von Strukturen und die Ableitung von Maßnahmen. Achten Sie bei der Wanderung auf den erforderlichen Reiseproviant!

Die Abb. 2.1 stellt die Etappen der Reise dar, die aus didaktischen Gründen in einer linearen Abfolge vorgestellt werden. In der Praxis gibt es Überschneidungen, und manche Etappen wirken übergreifend wie Kommunikation. Entscheidend ist eine ganzheitliche Herangehensweise im Sinne des MTO-Schemas (Mensch, Technik, Organisation).

2.1 Die ersten Schritte

Der Himmel lacht, die Temperaturen steigen – da zieht es viele in die Natur. Die Wandersaison ist eröffnet. Doch viele Mitwanderer verfügen nicht über die Kondition und Erfahrung, um einen Berg zu erklimmen. Und BGM einzuführen ist ein herausforderndes Ziel. Unser Augenmerk bei der Reise ist auf Route, Wanderer und Ausrüstung zu legen. Ein bedachtvoller Start wirkt Kurzatmigkeit entgegen und verhindert damit ein vorschnelles Scheitern.

© Springer Fachmedien Wiesbaden GmbH, ein Teil von Springer Nature 2019
M. Treier und T. Uhle, *Einmaleins des betrieblichen Gesundheitsmanagements*, essentials, https://doi.org/10.1007/978-3-658-23311-2_2

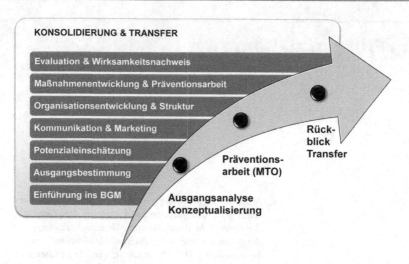

Abb. 2.1 Etappen der BGM-Reise

2.1.1   Erste Etappe: Einführung in das BGM

Auch die leichteste Route kann beschwerlich werden, wenn die Witterung umschlägt. Am Anfang sind Mitstreiter zu überzeugen, zu motivieren und Schlechtwetterfronten zu umgehen. Mit der Einführung von BGM entstehen viele W-Fragen von Wann bis Warum, aber auch viele Ausreden, es nicht zu verfolgen. Diese Gründe sind oft vorgeschobene Argumente, die andere Baustellen wie Restrukturierung oder Personalengpässe verschleiern. Daher wird die erste Etappe davon bestimmt sein, eine gemeinsame Sprache im Dialog zu finden, ehrlich zu sein und ein **Credo fürs BGM** zu erzielen. Ohne dieses *öffentliche Bekenntnis zum BGM* ist nicht an eine Fortsetzung der Reise zu denken. Es dürfen keine Zweifel aufkommen, *ob* BGM erfolgt. Die zulässige Frage sollte sein, *wie* BGM umzusetzen ist.

Folgender Reiseproviant ist für die erste Etappe mitzunehmen

⟩ Motivationsgespräche mit TOP-Management bzw. Entscheidungsträgern
  ○ *Kurzpräsentationen mit Fokus auf Nutzen* – Beim Nutzen sollte man v. a. auf gesetzliche Pflichten wie Arbeitsschutz- oder Präventionsgesetz, auf Refinanzierungsmöglichkeiten und Partnerschaften, auf Herausforderungen wie demografischer Wandel und Fachkräftemangel sowie auf das Risikomanagement verweisen. Weitere flankierende Argumente sind

Entwicklung der Fehlzeiten, Demografiefitness, Fachkräftemangel, Steigerung der Arbeitsfähigkeit und Arbeitgeberimage. Der Nutzen überwiegt die Kosten nur dann, wenn BGM systematisch und nachhaltig umgesetzt wird. Ein „asthmatöses" BGM wird nicht das Gipfelkreuz erreichen.

O *„Gemeinsame Sprache" finden* – BGM wird je nach Perspektive und Erfahrung unterschiedlich übersetzt. V. a. ist eine Abgrenzung zwischen BGF und BGM vorzunehmen. Ferner ist aufzuzeigen, wie assoziierte Handlungsfelder wie BEM oder AGS zuzuordnen sind. Dabei kann das Ziel einer gesunden Organisation nur durch eine Phalanx unter dem Schirm BGM erreicht werden. Eine konzertierte Aktion verlangt eine gemeinsame Sprache. In der Praxis herrschen hier bisweilen Ressortegoismen oder Nutzungskonkurrenzen vor, die zu kannibalisierenden Effekten führen.

O *Erste Empfehlungen im Gespräch benennen* – Niemand muss das Rad neu erfinden. Oftmals gibt es bewertete Routen von erfahrenen Wanderern. Es lohnt sich, Erfahrungsberichte bei der ersten Etappe zu beachten. Aber man sollte hier auch eine kritische Distanz wahren und die Schritte nicht einfaltslos kopieren. Das Benchmarking hat sich durch zertifizierte Prozesse professionalisiert (z. B. Corporate Health Award, Deutscher Unternehmenspreis Gesundheit). Auch unterstützen erste Bestrebungen zu einer DIN-Norm die Standardisierung von BGM (DIN SPEC 91020) (Abschn. 2.3.2). Die dort aufgeführten Spezifikationen bestimmen Minimalanforderungen für ein nachhaltiges Gesamtkonzept, in der anerkannte Maßnahmen zielgerichtet in Prozesse und Strukturen verankert werden. Deutlich muss sein, dass BGM mehr erfordert, als einen Maßnahmenpool gemäß Wunschkonzert zu verwalten.

⟩ Reiseführer BGM

O *Den Reiseführer verbreiten* – Es reicht nicht aus, dass wenige über den Weg Bescheid wissen. BGM darf nicht zum Geheimdossier entarten und sich nur in Meetings offenbaren. Um BGM abzubilden, müssen Führungskräfte und Mitarbeiter den Weg kennen. Denn nur so werden Missverständnisse und Widerstand vermieden. So kann der Ansatz der „Gefährdungsbeurteilung psychischer Belastungen" schnell als Stressanalyse missverstanden werden, obwohl es um bedingungsbezogene Belastungen und nicht um personenbezogene Beanspruchungen geht. Der Reiseführer ist adressenspezifisch aufzubereiten. Dabei sind nicht alle Navigationsdaten der Tour aufzuführen – vielmehr ist wichtig, dass der Reisende wahrnimmt, dass die Stationen erreichbar sind, was Meilensteine sind und was von ihm abgefordert wird.

○ *Begeisterung schaffen* – Das Bekenntnis der Entscheidungsträger sollte
nicht nur aus dem Gefühl, etwas tun zu müssen, entstehen. Oftmals
wird BGM eingeführt, weil man keine andere Alternative in Anbetracht
der Herausforderungen wie demografischer Wandel kennt. So fordern
Gewerkschaften und Sozialversicherungsträger zu Aktivitäten auf. Hier
gilt es, Begeisterung dadurch zu schaffen, dass man schon in der ersten
Etappe Leuchttürme setzt. Das können Aktionen sein wie Gesundheits-
tage. Als Geheimtipp hat sich hier das Unternehmenstheater im Rahmen
einer Betriebsversammlung erwiesen. Der Damm muss brechen, um die
Komfortzone zu verlassen. Diese Leuchttürme sollten aber Aussicht geben
auf das, was folgen wird. Jedoch nehmen wir wahr, dass Gesundheits-
tage Erwartungen wecken, ohne dass dann BGM konsequent fortschreitet.
Stillstand. Dies führt zur Frustration und Resignation. Hier müssen v. a.
Führungskräfte im Sinne der gesunden Führung die Stafette der Leuchttürme in den Arbeitsalltag hineintragen und das Thema beleben.

Die erste Etappe ist der *Motivation* verpflichtet und zielt auf das öffentliche
Bekenntnis zum BGM.

2.1.2   Zweite Etappe: Sondierung der Ausgangssituation

Für Wanderer im BGM stellt die Bestimmung der Ausgangssituation eine diffizile
Etappe dar. Den Gesundheitsstatus einer Organisation zu ermitteln, ist mit einem
Unbehagen verknüpft – doch die *Anamnese* ist ein maßgeblicher Erfolgsfaktor.
Wer viele Aktionen plant und BGM handlungsorientiert implementieren möchte,
wird am Ende mit dem Problem konfrontiert sein, nicht feststellen zu können, ob
die Aktionen überhaupt etwas gebracht haben. Diese Herangehensweise endet
zumeist in Aktionismus. Man verzettelt sich und gerät in eine **Legitimationsfalle**.
Das Projekt BGM ist kurzatmig und verliert seinen Impuls. Auch wenn man den
Berg direkt erklimmen möchte, es empfiehlt sich aus Gründen der Systematik
und Nachhaltigkeit, zunächst zu pausieren und den eigenen Status zu eruieren,
denn die Ausgangssituation definiert das optimale Startfenster. Wer diesen Schritt
überspringt, wandert ohne Navigation, ist blind und wird sich im Dschungel der
Angebote verlieren. Die Erfassung der Ausgangssituation ist der erste und keines-
falls zu überspringende handlungsorientierte Schritt.

Folgender Reiseproviant ist für die zweite Etappe mitzunehmen

⟩ Bestimmung des Gesundheitszustands der Organisation

   ○ *Reanalyse vorliegender Daten* – Viele Organisationen erfassen gesundheitsrelevante Daten, lassen diese aber nicht sprechen. Sie sind selten in einem Datensystem gebündelt oder werden nach einem falsch verstandenen Sparsamkeitsprinzip reduziert. Manche Organisationen sind im Berichtswesen schon weit vorangeschritten und entwickeln datenbasierte Gesundheits- und Sozialreports. Meistens fehlt jedoch eine demografische Differenzierung nach Tätigkeitsgruppen, Alter und Geschlecht. So existieren unabhängige Fehlzeiten- und Altersstrukturanalysen. Informationen aus Gesundheitsreports der Krankenkassen oder gesundheitsbezogene Antworten der Mitarbeiter bei Befragungen vervollständigen das Informationsbild. Aus diesen Daten lassen sich Hinweise auf den Gesundheitszustand ableiten. Dazu müssen die Datenkanäle zusammengeführt und expertenbasiert mithilfe von Vergleichsdaten bewertet werden (Referenzierung). Der Aufwand lohnt sich, denn bisweilen kann man schon aus den vorliegenden Daten eine valide Ausgangsbestimmung vornehmen, ohne dass man neue Daten generieren muss.

   ○ *Gesundheitsanalyse/-befragung* – Vom Prinzip handelt es sich um eine anonymisierte Mitarbeiterbefragung, um eine repräsentatives Bild vom Gesundheitszustand der Organisation und ihrer Mitglieder zu erhalten. Bei kleineren Organisationen sind andere Herangehensweisen wie interviewbasierte Methoden oder Workshops in Betracht zu ziehen. Dabei sind einige Kriterien zu beachten, damit es zu einem validen Bild kommt. Es empfiehlt sich, auf standardisierte Verfahren wie COPSOQ (Copenhagen Psychosocial Questionnaire) oder ABI Plus™ (erweiterter Arbeitsbewältigungsindex) zurückzugreifen. Sie ermöglichen Vergleiche und die Einordnung eigener Werte. Ferner berücksichtigen Sie Belastungen, Beanspruchungen und Ressourcen, Zusätzlich sollte das Verfahren als Instrument des Gesundheitscontrollings kennzahlenbasiert Indikatoren wie Arbeitsfähigkeit oder Führungsqualität rückmelden können. Denn man möchte durch Vorher- und Nachhermessung Veränderungswerte ermitteln und damit den Erfolg von BGM sichtbar machen, um Ressourcen zu rechtfertigen. Eine Gesundheitsanalyse umfasst nicht nur den aggregierten Gesundheitszustand der Mitglieder als Risikoprofile, sondern befasst sich auch mit organisatorischen Faktoren wie Organisationsklima. Des weiteren geht es um Arbeitsintensität und Arbeitsanforderungen. Die Gefährdungsbeurteilung psychischer Belastungen und die Erfassung weiterer bedingungsbezogener Aspekte sollten im Sinne des Arbeitsschutzgesetzes in der Gesundheitsanalyse integriert werden. Die Differenziertheit der Analyse ist in Abhängigkeit von den vorliegenden Daten zu definieren – sie reicht vom Screening bis zur Tiefenbohrung. Abb. 2.2 zeigt das Themenspektrum der Gesundheitsanalyse in Anlehnung an den BGM-Barometer des Autors Treier auf. Im Schnitt benötigt man für eine Befragung eine Erfassungszeit von etwa 20 min pro Mitarbeiter – *diese Zeit rechnet sich!*

○ *Die Wahrnehmung der Beteiligten einfangen* – Ergänzend, ggf. auch ohne Gesundheitsanalyse können mithilfe von Workshops die Perspektiven von den Beteiligten erfasst werden, um die Ausgangssituation zu klären. Dabei soll die Zielcharta des strategischen Dialogs adressatenbezogen operationalisiert und konkretisiert werden. So resultieren drei Workshops. Im Experten-Workshop werden u. a. Mitglieder des AGS, des BEM und der Personalabteilung geladen, um den gegenwärtigen Aktionskreis BGM zu bestimmen. Im Mitbestimmungs-Workshop gilt es, mit dem Betriebsrat

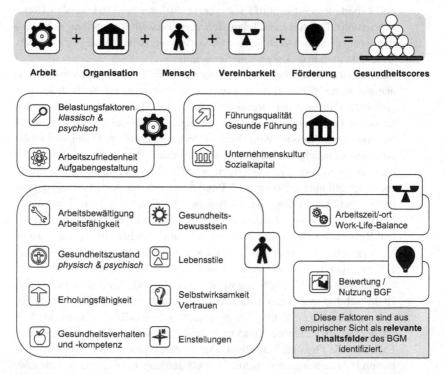

Abb. 2.2 Themenfelder der Gesundheitsanalyse. (Nach Uhle und Treier 2015, S. 330)

die Situation der Mitarbeiter zu erarbeiten und Problemlagen zu identifizieren. Im Führungs-Workshop sollen ausgewählte Führungskräfte ihren Möglichkeitsraum, gesundheits- und altersgerecht zu führen, verdeutlichen und aufzeigen, wo sie Hemmnisse bei der Umsetzung sehen.

⟩ Den Reifegrad BGM bestimmen

○ *Die Befähigung zur Gesundheitsförderung ermitteln* – Wenn eine Organisation BGM eingeführt hat, dann lässt sich der Reifegrad BGM bestimmen. Dabei werden diverse Handlungsfelder im Sinne des Qualitätsmanagements in einer Selbstbewertung abgefragt. Beim Reifetest wird die Datenqualität (regelmäßige Datenermittlung, Standardisierung, Kennzahlen), die Relevanz der Gesundheitsdaten (Key Performance Indikatoren, strategische Bedeutung), die Organisationsreife (BGM als unabhängiger Bereich in der Legalorganisation, zentral oder dezentral aufgebaut), die Funktionsreife (funktionierendes Reporting, Ansprechpartner) und die Kommunikationsreife (adressaten- und dialoggesteuertes Reporting, modernes Berichtswesen) eingestuft und in einem Score-Wert auf Basis eines expertenbasierten Rankings hochgerechnet. Mit dem Reifetest wird somit die Passung zwischen Intentionen sowie den strukturellen und prozessbezogenen Voraussetzungen erfasst und eine qualitätsorientierte Übersetzung des BGM realisiert.

○ *Die externen Ressourcen aufzeigen* – Keiner kann alle Themen des BGM besetzen. Dies wäre aus Effizienz- und Effektivitätsgründen weder ökonomisch noch inhaltlich anzuraten. Deshalb empfehlen wir auf der zweiten Etappe eine Netzwerk- und Partneranalyse durchzuführen. Damit sind nicht nur Partner gemeint, mit denen man schon zusammenarbeitet, sondern auch potenzielle Partner – so ein Leichtathletikverein der Umgebung. Diesen „Thinktank" gezielt anzuzapfen und das existierende Netzwerk zu stärken sind Ziele der Analyse. Vielfach kann man sogar eigene Mitarbeiter mit Erfahrungen im Sport- und Gesundheitsbereich rekurrieren, um z. B. einen Lauftreff zu organisieren.

Die zweite Etappe ist der *Analyse* verpflichtet und zielt auf ein BGM-Cockpit zur Steuerung.

2.1.3   Dritte Etappe: Potenzialeinschätzung

Wie viel Gesundheit kann sich eine Organisation leisten? Wie sieht es in 10 Jahren aus? Im Reiseführer haben wir uns zunächst mit der Planung befasst. Diese ist aus der Vogelperspektive entstanden. Man will handeln und nicht lange sinnieren, denn die Nachfrage nach BGM entsteht aus einem Handlungsdruck heraus. Dennoch empfehlen wir hier eine weitere Verschnaufpause. Die strategische Kontur bzw. das Strategiefeld des BGM ist oft gekennzeichnet durch stellvertretende Erfahrungen von anderen Organisationen (Best Practice) und vermittelt durch Berater. Nunmehr liegen eigene Ergebnisse der Ausgangsanalyse vor. Der Wanderer hat gelernt, wie er seine Kondition einschätzen kann. In der dritten Etappe sollte er sich die Frage nach der Erfolgswahrscheinlichkeit von BGM stellen, um bei seiner weiteren Wanderung nichts zu vergessen. Der Rucksack ist vorläufig gepackt (Abschn. 1.3), jetzt wird er aufgrund des Wissens auf Vollständigkeit und Angemessenheit kontrolliert. Denn nach dieser Etappe geht es bergauf, dann gibt es kein Zurück mehr – die Ressourcen sind festgelegt. Falsche Weichenstellungen sind oft nicht mehr umkehrbar.

Folgender Reiseproviant ist für die dritte Etappe mitzunehmen

Entwicklung von BGM-Szenarien
- ○ *Portfolio der Alternativen aufzeigen* – Im BGM tendiert man dazu, die bisherigen Trampelpfade fortzusetzen und ggf. sacht zu erweitern. Daher sind verschiedene BGM Szenarien zu betrachten. So kann BGM an vorhandenen Wegen ankoppeln, aber auch neue Wege aufzeigen, um die gesunde Organisation zu verwirklichen. Jede Alternative ist mit den Ergebnissen der Gesundheitsanalyse und des Reife-Checks zu konfrontieren. Daraus lässt sich ein Portfolio mit der Abszisse „Präventionsleistung hinsichtlich Risikofaktoren" (Basis Gesundheitsanalyse) und Ordinate „Passung zur Organisation" (Basis Reife-Check) erstellen.
- ○ *Das magische Dreieck* – Projekte lassen sich nach den Kriterien Kosten, Zeit und Qualität bewerten. Dabei muss verdeutlicht werden, welche Anforderungen mit welchen Ressourcen verknüpft sind. Wer auf ein Schmalspur-BGM setzt, darf keine substanziellen Veränderungen in den Risikoprofilen erwarten oder eine spürbare Fehlzeitenreduktion erhoffen. Wer wähnt, BGM im Rahmen eines Projekts in einem Jahr umzusetzen, muss wissen, dass BGM ca. drei Jahre benötigt, um ins richtige Fahrtwasser zu gelangen und Wertschöpfung zu generieren. Hier gilt es, sich der Bedeutung dieser Kriterien bewusst zu werden und die Folgen zu verdeutlichen. Am Ende sollte ein klares Bekenntnis zur Positionierung von BGM im magischen Dreieck vorliegen.

Potenzial-Check

- O *Nutzwertanalyse* – Diese Methode ist ein Bewertungsverfahren aus dem Bereich der Kostenrechnung. Mit ihrer Hilfe lassen sich monetäre und nicht-monetäre Teilziele vergleichen, um so eine Entscheidung zwischen Alternativen herbeizuführen. Im ersten Schritt werden die Alternativen festgelegt. Danach bestimmen wir das Zielsystem als Kaskade aus Sach- und Formalzielen. Anschließend werden Zielgewichte gemäß der Zielbedeutung vergeben. Im letzten Schritt erfolgt eine Bewertung des Zielerreichungsgrades. *BGM ist eine komplexe Entscheidungssituation –* die Nutzwertanalyse schafft Transparenz und erleichtert die Entscheidungsfindung. Man wird gezwungen, sich systematisch mit Kriterien der Umsetzung auseinanderzusetzen. Qualitative und quantitative Ziele sind dabei zu integrieren. Die Methode weist auch Nachteile auf, so wird durch die Punktwerte eine Scheingenauigkeit vorgetäuscht. Viele Kriterien sind in der Regel nicht überschneidungsfrei, und eine Vollständigkeit der Kriterien ist selten gegeben. Dadurch kann das Verfahren auch manipuliert werden. In Summe überwiegen die Vorteile im BGM.
- O *Nicht wie Baron Münchhausen handeln* – Beim Potenzialcheck sollte man beachten, dass man sich leider nicht mit dem eigenen Zopf aus dem Sumpf ziehen kann. BGM ist damit dezidiert ein Investitionsauftrag. BGM ist stets eine Gemeinschaftsaktion vieler inner- und außerbetrieblicher Akteure. Daher wird die Potenzialeinschätzung auch vom Entwicklungsstand der anderen Akteure beeinflusst.

Die dritte Etappe ist den *Handlungsalternativen* verpflichtet und zielt auf das Potenzial.

2.2   Im Wanderschritt bergauf

Der Tag schreitet voran, die Ungeduld wächst. Man will die erste Anhöhe erreichen. Dennoch haben die ersten Etappen gezeigt, wie wichtig es ist, im BGM nicht überstürzt zu agieren, nur weil das Thema en vogue ist. Wenn BGM unreflektiert eingeführt und dann aufgrund geringer Resonanz und Effektivität abgelehnt wird, dann ist es „verbrannt" und nur schwer wieder in die Gänge zu bringen. Der Wanderer weiß nun, wo er steht und was er sich zumuten kann. Er hat eine Vorstellung, wohin die Reise geht und wie viel Zeit er benötigen wird. Er sollte dies auch kommunizieren.

2.2.1   Vierte Etappe: Kommunikation und Marketing

Tue Gutes und sprich darüber. Dieser Marketinggrundsatz gilt im Besonderen für das Anliegen Gesundheit. Gesundheitskommunikation und -marketing haben sich profiliert und professionalisiert.

⟩ Durch *Gesundheitskommunikation* lässt sich die Selbstwirksamkeit der Mitarbeiter steigern. Kommunikation ist entscheidend, um gesundheitsförderndes Verhalten anzuregen, Einstellungen zu verändern, gesundheitsrelevantes Wissen zu vermitteln und damit Gesundheitsbewusstsein zu schaffen. Sie verändert auch zunehmend ihr Gesicht – von der Push- zur Pull-Kommunikation, denn die Mitarbeiter sind nicht nur Empfänger, sondern auch Sender von Gesundheitsinformationen. Personale Themen und Organisationskommunikation müssen aufeinander abgestimmt werden.

⟩ Durch *Gesundheitsmarketing* können wir Gesundheit als Produkt und Leistung im Unternehmen vermitteln. Eine kundenorientierte Ansprache schafft Neugierde und Akzeptanz. Viele gesundheitsassoziierte Leistungen wie Betriebssportgruppen dümpeln dahin, weil ihnen das „Emotional Boosting" fehlt. Da Gesundheit mit Intimität verknüpft ist, gewinnt die persönliche Ansprache an Bedeutung. Durch Erfolgsgeschichten (Storytelling) findet man einen positiven Widerhall, denn Geschichten vermitteln eine persönliche und authentische Note.

Die vierte Etappe widmet sich dem Austausch Die Wanderer unterhalten sich und erkennen, dass sie voneinander lernen können. Man stärkt sich gegenseitig im Bemühen, die Wanderung aufzunehmen. Damit ist das Ziel dieser Etappe klar umrissen – es geht um *Aktivierung* (Abb. 2.3). Die Kommunikation sollte von Anfang an erfolgen. Aber diese Etappe hebt sich vom generellen Informationsgeflüster durch ein offensives kommunikatives Vorgehen und der Festlegung der Kommunikationskanäle ab. Ziel ist es, das Gesundheitsverhalten der Mitarbeiter durch Kommunikation positiv zu beeinflussen, aber auch eine breite Basis an Fürsprecher für Gesundheitsangebote zu gewinnen. Dabei ist die *Authentizität* der Sender ein wesentliches Erfolgskriterium, denn hier geht es um Vertrauen. Diese Kommunikationsprozesse sind in Abhängigkeit von soziokulturellen Faktoren zu gestalten („Health Campaigning"). Aber neben diesen Informationskampagnen

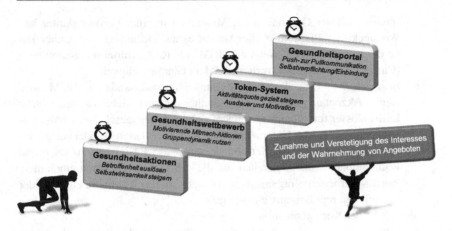

Abb. 2.3 Aktivierung als Ziel der Kommunikation

spielt der persönliche Kontakt zwischen Mitarbeitern und Verantwortlichen für BGM eine große Rolle in Anlehnung an das „Health Counseling/Consulting". So ist das „Was und Wie" der persönlichen Kommunikation bei psychischen Faktoren für viele Verantwortliche eine Herausforderung und oft auch eine große Hürde. Diese Hürden dürfen nicht verschwiegen werden.

Folgender Reiseproviant ist für die vierte Etappe mitzunehmen

〉 Schaffen einer Kommunikationskaskade
  ○ *Adressaten* – BGM-Zielgruppen wie Mitarbeiter, Führungskräfte oder Betriebsräte und Dialoggruppen wie Kunden und Shareholder benötigen eine individualisierte Ansprache. Der Mitarbeiter soll sensibilisiert und seine Neugierde zur Wahrnehmung von Angeboten geweckt werden. Die Führungskraft muss in die Lage versetzt werden, ihre Verantwortung im Bereich BGM im Sinne des „gesunden Führens" wahrzunehmen. BGM muss dabei intern und extern positioniert werden. Eine externe Ausrichtung unterstützt nicht nur das Finden passender Partner, sondern steigert auch die Attraktivität des Arbeitgebers (Employer Branding).
  ○ *Kommunikationsphasen* – Diese orientieren sich an den Zielsetzungen der Sensibilisierung, Vertrauensbildung und Motivation zum Mitmachen. Besonders der Anfang ist schwer, denn „was der Bauer nicht kennt, das frisst er nicht". Diese alte Volksweisheit beschreibt einen erfolgskritischen Punkt. Viele sind skeptisch und fragen sich, warum der Arbeitgeber ein

Interesse an der Gesundheit der Mitarbeiter in einer Leistungskultur hat.
Wo steckt der Pferdefuß? Hier kommt es auf Dosierung und Authentizi-
tät der Botschaften an. Wenn mit BGM eine Restrukturierung getarnt wird
(Camouflage-Funktion), verliert BGM an Glaubwürdigkeit.

○ *Basisarbeit* – Eine Top-down-Kommunikationskaskade im BGM wird
   wenig Akzeptanz finden, da Gesundheitsthemen nicht als strategische
   Luftschlösser funktionieren, sondern sich im Arbeitsgeschehen manifestie-
   ren. Daher sollte das Unternehmen bei seinem erklärten Wandel zur gesun-
   den Organisation in der Sensibilisierungsphase Basisarbeit zulassen und
   Kommunikationsmöglichkeiten für alle Adressaten wie Foren einräumen.
   Auch Mitarbeiterbefragungen eignen sich, um das Wahrnehmungsbild der
   Betroffenen repräsentativ einzufangen.

〉 Die vier I´s der Kommunikation

○ *Integration* – Erfolgskriterien sind inhaltliche (einheitliche und authentische Botschaften), zeitliche (dauerhafte Abbildung des Themas) und
   formale Integration (höhere Sichtbarkeit und Bekanntheit). BGM soll ein
   Dauerbrenner sein. Wenn das Thema kurz aufpoppt, dann ist es wie ein stö-
   rendes Bildschirmfenster mit Werbung, was unbeachtet geschlossen wird.

○ *Interaktion* – Die Betroffenen mit Informationen zu überschütten, führt
   aus Kommunikationssicht zur Abwehrhaltung. In Gesundheitskampagnen
   konstatiert man, dass die Interaktion als bidirektionaler Austausch im Hinblick auf die Nachhaltigkeit der Botschaften von maßgeblicher Bedeutung
   ist. Gesundheitskommunikation zielt nicht ausschließlich auf „smarte
   Informationsdesigns" ab, sondern auf einer vertieften Auseinandersetzung.

○ *Individualität* – Das Zulassen von Emotionen als Ausdruck der
   Individualität im Handlungsfeld der gesunden Organisation schafft den
   Impuls für Veränderung (Appelle). BGM soll nicht „verkopft" sein, son-
   dern Spaß machen, dann erzielen wir auch eine positive Resonanz im
   Gesundheitsverhalten. Viele Kampagnen wie Raucheraufklärung scheitern
   dann, wenn Menschen nur mit Fakten bombardiert werden. Es entstehen
   Ängste, und die Informationen werden abgeblockt, denn das Wissen
   erzeugt einen emotional negativ erlebten Spannungszustand (kognitive
   Dissonanz). Positive Emotionen steigern indes Neugierde und zeigen, dass
   die eigene Auseinandersetzung mit Gesundheit herausfordernd, aber nicht
   bedrohlich ist (selbstwirksamkeitsförderliche Ansprache).

○ *Inhalte* – Von Anfang an ist zu betonen, dass BGM nicht nur Risikofaktoren wie Bewegungsmangel, sondern auch das Gestaltungsdreieck
   MTO adressiert (Mensch, Technik, Organisation). Damit geht es gleichermaßen um Verhaltens- und Verhältnisfaktoren. Es dürfen auch keine

Anschuldigungen formuliert werden. Wenn Mitarbeitern indirekt vorgeworfen wird, dass sie zu dick seien, zu viel rauchen, sich zu wenig bewegen, dann ist BGM als „Machiavelli-Instrument zur Bändigung arbeitsfähigkeitseinschränkender Faktoren" entlarvt.

〉 Kommunikationskanäle

○ *Berichtswesen* – Erfolgreich kann BGM nur vorwärtsschreiten, wenn eine Dokumentation der Leistungen vorliegt. Das Sozialreporting ermöglicht, gesundheitsrelevante Themen und ihre Wechselwirkungen im Hinblick auf Arbeitsqualität (Ergebnisse der Gefährdungsbeurteilung oder Arbeitsinhalt), gesunde Organisation (gesundes Führen, Work-Life-Balance oder Veranstaltungen), Ausfall (Fehlzeitenquote oder BEM-Verfahren) und Gesundheit (Arbeitsfähigkeit oder Gesundheitszustand) abzubilden. Definiert man hier Kennzahlen, dann lässt sich im Sinne des „One-Sheet-Controllings" ein Gesundheitscockpit als Managementsicht installieren.

○ *Mitarbeiterzeitung* – Auch klassische Wege sind frühzeitig zu nutzen. Hier sollte man auf persönliche Geschichten achten, denn diese heben sich vom Faktenstrom der anderen Berichte positiv ab und schaffen emotionale Zuwendung (Storytelling).

○ *Informationsveranstaltungen* – Betriebsversammlungen eignen sich für Ankündigungen. Auch Vorträge von Persönlichkeiten setzen Impulse. Optimaler sind aber Informationsveranstaltungen, in denen sich Mitarbeiter an Ständen austauschen können (Marktplatz).

○ *Events und Gesundheitsaktionen* – Der Ereignischarakter ist hier prägend. Themen, die auch außerhalb der Organisation von Bedeutung sind wie „Gesunde Haut", wecken Interesse. Zu empfehlen ist ein Rotationskonzept, so dass alle Organisationseinheiten „in die Pflicht" genommen werden. Eine journalistische Berichterstattung rundet das Ereignis ab. Tipp: Lassen Sie die Gesundheitsaktionen von Auszubildenden organisieren!

○ *Gesundheitsportal* – Portale ermöglichen bidirektionalen Austausch. Hohe Aktualität und Veränderungsrate schaffen Lebendigkeit. Newsticker, Expertenberichte, Gesundheitsbörse bis zu Preisausschreiben und Gesundheitstests (Self-Assessment, z. B. AUDIT-Test für riskantes Trinkverhalten) erweitern das Spektrum. Meistens wird das bestehende Intranetportal um die Rubrik Gesundheit erweitert, um Gesundheitscontents abzubilden. Vielfach werden aber Portale später unzureichend gepflegt. Die Administration ist aufwendig in Abhängigkeit von den Instrumenten wie Foren, Chats. Jedoch lohnt sich diese Anstrengung, denn über diesen Kanal lässt sich mithilfe attraktiver „Online-Angebote" bspw. im Stressmanagement die Reichweite signifikant erhöhen.

⟩ Effektive Kommunikationsmaßnahmen

○ *Success-Stories und Best Practices* – Erfolgsgeschichten und herausragende Beispiele haben eine Teaserfunktion, um Gesundheit als Mitmach-Aktion zu stärken. An dieser Stelle ist eine Kombination mit einem kompetitiven Faktor nutzbringend. Gesundheitswettbewerbe schaffen eine gruppendynamische Aktivierung. So könnte man bspw. die Bewegungsmenge von Organisationseinheiten als Messfaktor nehmen (Schrittzähler). Hier lassen sich auch Online-Tools einsetzen.

○ *Anreize und Token-System* – Bedarf es eines Belohnungskonzepts Gesundheit? Sollte man nicht vielmehr intrinsisch motivieren? Um eine Zunahme und Verstetigung des Interesses und der Wahrnehmung von Gesundheitsangeboten zu erzielen, empfiehlt sich eine Kombination aus einem intrinsisch und extrinsisch geprägten Motivationsfeld. Das „Payback-System" für Gesundheitsangebote kann gezielte Aktivitäten auslösen und Kontinuität schaffen. Eine Verknüpfung mit Punktesystemen der Krankenkassen ist denkbar. Der „Health-Taler" sollte aber nur für gesundheitsfördernde Maßnahmen einsetzbar sein (Prinzip der Selbstverstärkung).

○ *Gesundheitslotsen-Modell* – Eine besondere Rolle ist den Führungskräften gegeben, denn diese dürfen BGM nicht nur als Support verstehen, sondern müssen sich aktiv als Gesundheitsgestalter und Kommunikationsvermittler ins System einbringen, denn sie befinden sich an der Schnittstelle zur Umsetzung in der Arbeitswelt (Management by Walking around).

○ *Selbsthilfegruppen* – Organisationen sind wie kleine „Welten", in denen Menschen mit ähnlichen Problemen zusammenkommen. BGM muss lernen in Abgrenzung zur Schirmmentalität das Subsidiaritätsprinzip (Hilfe zur Selbsthilfe) zu stärken. Die bisherigen Grenzen werden durch zwei Marksteine bestimmt: Verhütung von Arbeitsunfällen und Berufskrankheiten sowie Erhöhung der Anwesenheit der Mitarbeiter. Dieses traditionelle Verständnis muss im Sinne des salutogenetischen Konzepts (Was hält den Menschen gesund?) erweitert werden. Dabei ist Eigenverantwortung der Schlüssel zur Steigerung der Arbeitsfähigkeit.

○ *Soziale Netzwerke* – Von der Push- zur Pull-Kommunikation. Noch ist viel geprägt dadurch, dass BGM Verantwortliche die Informationen vorgeben. Mitarbeiter sind passive Empfänger. Im sozialen Netzwerk werden die Empfänger selbst aktiv und stellen Informationen zusammen. „Communities" zu verschiedenen Themen der Gesundheit wie Laufforen entwickeln eine eigene Dynamik und entlasten das BGM, das hier anregend und beratend fungiert.

Die vierte Etappe ist dem *Dialog* verpflichtet und zielt auf Bewusstsein und Bekanntheit.

2.2.2   Fünfte Etappe: Organisationsentwicklung

Das Wandern in einer Gruppe verlangt Koordination. Wer bestimmt das Tempo, die Pausen und Richtung? Nach der vierten Etappe, in der sich alle öffentlich zur Wanderung bekannt haben, wird es nunmehr Zeit, sich der **Organisations-frage** zuzuwenden. Denn BGM benötigt gebündelte Kräfte – alle sollten an einem Strang ziehen. BGM braucht mithin *Strukturen*, in denen Maßnahmen gezielt und systematisch ablaufen können. Die Organisation ist der tragende Unterbau des BGM. Diese Struktur muss durch die Prozesse der Kommunikation, Entscheidung und Abstimmung gelebt werden. In der Praxis findet man hier vielfach eine schleppende Kommunikation und auch das Vorherrschen von Partialinteressen vor. So befassen sich Personalentwickler, Betriebsräte, Akteure aus dem AGS und Arbeitsmediziner mit BGM und reklamieren für sich, die Poleposition für das Thema zu besitzen. Dadurch erschwert sich die Abstimmung und Stolperfallen entstehen. Wir empfehlen nach einem Commitment durch das Top-Management unter Einbindung der Arbeitnehmervertretung eine **breit-flächige Infiltration** des Themas (Multiple-Nucleus-Strategie der Organisationsentwicklung). Die Nähe zum Arbeitsgeschehen ist zu gewährleisten, um nicht ins „strategische Jenseits" abzudriften. Doch der dadurch bestehende Schwebestatus muss nach ca. drei Jahren durch eine **stabile Verankerung** abgelöst werden. Am Anfang sollte man jedoch bewusst die Machtfrage offen lassen, um nicht schon durch strittige Punkte im Anliegen Gesundheit ausgebremst zu werden. Daher ist nach einer Anfangsphase einer kollegial geprägten Diskussion **BGM als Projekt** zu organisieren, um den Diskurs zum schlagkräftigen Argument zu bündeln (Abb. 2.4). BGM darf aber nicht beim Projekt verharren. Projekte sind einmalige und zeitlich abgeschlossene Aktivitäten. Nach dem Projekt sollte nicht das nächste Projekt den Stafettenlauf BGM bestimmen, sondern am Ende muss BGM strategisch in die *Primär- bzw. Legalorganisation* verankert sein.

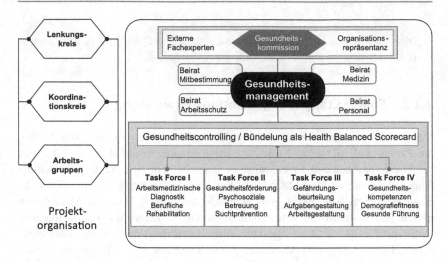

Abb. 2.4 Organisation von BGM

Folgender Reiseproviant ist für die fünfte Etappe mitzunehmen

〉 Offene Diskussion

   ○ *Kick Off* – In der Anfangsphase sollte die Annäherung extern moderiert werden. Die Einladung erfolgt vom Top-Management als Zeichen der Wertschätzung. Wichtig ist hier das demokratische Prinzip, um das Ziel der gesunden Organisation einvernehmlich zu definieren.

〉 Startfenster als Projektorganisation

   ○ *Lenkungskreis* – Die Gesundheitskommission stellt den Auftraggeber dar. Die Repräsentanz des Top-Managements ist dabei wesentlich. Mitglieder aus AGS, Betriebsrat und Personalabteilung und ggf. externe Experten sollten dem Lenkungskreis angehören. Der Lenkungskreis legt die Leitlinien BGM fest (strategische Formel), kontrolliert die Ergebnisse des Koordinierungsteams, bewertet Projekte unter Beachtung des Finanz- und Investitionsrahmens, nimmt eine Promotorenfunktion wahr und kommuniziert Ziele nach außen. Er trifft sich anfänglich zweimal im Jahr, später reicht ein jährliches Treffen.

   ○ *Koordination* – Hier sollte ein gesundheitsrelevanter Bereich den Hut aufhaben. Der Koordinierungskreis ist quasi das Kernteam (Auftragnehmer) und stimmt den Anforderungskatalog mit dem Auftraggeber ab. Die anderen Bereiche verstehen sich als Beiräte. Ein Rotationsmodell zwischen den Bereichen ist denkbar. Externe Berater können Gaststatus erhalten.

Der Koordinierungskreis steuert die Gesundheitsprojekte, nimmt eine Qualitätssicherung der Angebote wahr, verfolgt gesundheitsrelevante Kennzahlen und fungiert als Ansprechpartner und Vermittler. Zudem bindet er externe Partner ein. Ferner erstellt er den Legitimationsbericht für den Lenkungskreis und präsentiert dort die erreichten Gesundheitsziele gemäß dem Pflichten-Lastenheft. Aufgrund dieser vielfältigen Aufgaben ist die Implementierung eines unterstützenden Projekt-Office empfehlenswert, um eine Überforderung zu verhindern.

○ *Arbeitsgruppen* – „Neudeutsch" werden diese als Task Forces (TF) bezeichnet. Aus organisatorischer Sicht handelt es sich um Fachteams, die Sub-Projekte verantworten. Bei jeder TF sollten auch Mitglieder der anderen Bereiche als Beiräte fungieren. Es empfiehlt sich eine systematische Differenzierung der TF nach den Präventionsstufen. Die TF Arbeitsmedizin kümmert sich um arbeitsmedizinische Aufgaben, Diagnostik, psychosoziale Betreuung und ggf. Wiedereingliederung (kurative Phase nebst Tertiärprävention). Die TF Gesundheitsförderung befasst sich mit gesundheitsfördernden Projekten auf der Verhaltensebene, mit Einstellungen und Gesundheitswissen (Verhaltensprävention mit Fokus Primär- und Sekundärprävention). Die TF Arbeits- und Gesundheitsschutz widmet sich Projekten im Hinblick auf die Gestaltung der Arbeitsbedingungen, der physikalischen Umwelt und den Arbeitsaufgaben gemäß der Gefährdungsbeurteilung (Verhältnisprävention mit Fokus Primärprävention). Die TF Kultur interessiert sich für gesunde Führungs- und Unternehmenskultur (kulturelle Prävention). Übergreifende Projekte wie Demografie lassen sich in Unterthemen aufgliedern. Das Kernteam koordiniert diese übergreifenden Projekte.

○ *Rollenverständnis* – Fasst man die Rollen im BGM zusammen, so ergeben sich sechs Rollen. Tab. 2.1 skizziert das jeweilige Rollenverständnis.

⟩ Von der Projekt- zur Legalorganisation

○ *Eine stabile Verankerung* – Die Projektorganisation hat den Vorteil, dass man sie schnell implementieren und Expertise aus der Organisation bündeln kann. Projekte können parallel zur Primärorganisation laufen. Sie haben aber den Nachteil, dass man sie ohne viel Aufsehens wieder beenden kann. Damit BGM nicht nur eine kurze Blütezeit erlebt, sondern stabil in der Legalorganisation verankert wird, bedarf es nach der Projektphase einer Entscheidung, wo man BGM aufhängen will. Diese Entscheidung hängt v. a. von den Kontextfaktoren wie Größe, Grad der dezentralen Abbildung und Diversifikation der Tätigkeitsfelder ab.

Tab. 2.1 Rollen und Rollenverständnis im BGM

Rolle	Erläuterungen
Strategische Lenkung	〉 Der Lenkungskreis nimmt strategische Entscheidungen vor (Soll) 〉 Er beschafft Ressourcen, vernetzt und bewertet
Leitung Koordination	〉 Die unterschiedlichen Aktivitäten werden koordiniert 〉 Der Koordinator ist verantwortlich für Reporting und Wirksamkeitsnachweis
Beirat Personal	〉 Viele Gesundheitsthemen tangieren Personalfragen 〉 Daher muss gewährleistet sein, dass Personalkompetenz berücksichtigt wird
Beirat Arbeitssicherheit	〉 Hier werden Arbeitsschutz-/Arbeitssicherheitsfragen berücksichtigt 〉 Die „Rechtsfrage" steht dabei im Fokus
Task Forces	〉 Hier erfolgt die Umsetzung innerhalb der Präventionsstufen 〉 Der Austausch zwischen Standorten und Anspruchsgruppen findet statt
BGM-Beauftragte	〉 Sie bilden die direkte Schnittstelle zu den „Kunden". 〉 Sie verstehen sich als „Seismograf vor Ort" und begleiten Führungskräfte

○ *Möglliche Organisationsformen* – Bei kleinen homogenen Organisationen kann man BGM als Stabstelle installieren. Dabei sollte der Einfluss möglichst hoch ausgeprägt sein, also in der Nähe des Top-Managements. Bei größeren Organisationen mit diversifizierten Bereichen sollte BGM in der Linienorganisation aufgehängt sein. Dies kann als eigenständige Abteilung BGM oder in Abteilungen wie AGS erfolgen. In sehr großen Organisationen mit dezentraler Struktur kann eine Center-Organisation die Aktivitäten BGM steuern (Unternehmen im Unternehmen). Generell muss aber gewährleistet sein, dass bei dezentralen Organisationen die Nähe zum Geschehen aufrechterhalten bleibt. Hier eignet sich das Referentenmodell.

Die fünfte Etappe ist der *Koordination* verpflichtet und zielt auf Struktur und Nachhaltigkeit.

2.2.3   Sechste Etappe: Maßnahmenentwicklung

Bei einer Wanderung erfreut man sich der Aussichten. Man hält inne, und sie spornen zum Weiterwandern an. Diese Aussichtspunkte gleichen den Maßnahmen im BGM – sie sind sichtbar, greifbar und aufbauend. Im BGM wird zwischen Aktivierungs- und Präventionsmaßnahmen differenziert. Das Spektrum der Maßnahmen ist hinsichtlich der *Handlungsfelder des BGM* vielfältig (Tab. 2.2). Dabei sorgt BGM für eine Verankerung der Maßnahmen in Strukturen und Prozesse sowie deren Koordination, um Synergien zu nutzen.

Zusammen füllen sie die **Stockwerke des Hauses der Arbeitsfähigkeit** von Juhani Ilmarinen (Gesundheit, Kompetenz, Werte und Arbeit nebst Rundblick auf Umgebung). Der Maßnahmenkorridor ist dergestalt festzulegen, dass er alle

Tab. 2.2 Handlungsfelder zur gesunden Arbeitswelt

Handlungsfeld	Erläuterungen
Gesundheitsförderung	Die Gesundheitsförderung zielt mit ihren Angeboten wie Entspannungskurse, Raucherentwöhnung oder Bewegungsaktivitäten auf die Stärkung individueller Gesundheitsressourcen
Arbeits-/Gesundheitsschutz	Der AGS in Verbindung mit Arbeitssicherheit befasst sich mit Unfallverhütung und mit dem Schutz der Beschäftigten, indem bedingungsbezogene Risikofaktoren identifiziert und nach Möglichkeit ausgemerzt werden
Arbeitsmedizin	Die Arbeitsmedizin erweitert ihr Präventions- und Diagnostikangebot, um frühzeitig krankmachende Faktoren bei Personen zu bestimmen oder diese gar nicht erst aufkommen zu lassen. Suchtprävention und psychosoziale Betreuung gewinnen an Bedeutung
Betriebliches Eingliederungsmanagement	Das BEM zielt auf berufliche Rehabilitation und enthebt sich einer nur formalistischen Herangehensweise, indem es aktiv durch Coaching und Beratung Arbeitsunfähigkeit vorbeugt – dabei werden sowohl psychische als auch physische Faktoren berücksichtigt
Demografiemanagement	Das Demografiemanagement widmet sich den besonderen Anforderungen einer alternden Belegschaft als ganzheitlichem Handlungskonzept (Mensch, Technik und Organisation)
Sozialarbeit	Immer mehr Themen der Sozialarbeit wie Schuldnerberatung weisen Schnittstellen zu Gesundheitsthemen auf (bspw. Suchtprävention)

Stockwerke berücksichtigt. Aber im BGM geht es nicht nur darum, im Laufe der Wanderung viele Aussichten mitzunehmen (Additionsmodell), sondern ein stabiles Gleichgewicht zwischen Anforderungen und Ressourcen zu erzielen (Interaktionsmodell). Der Wanderer soll sich nicht „auslaugen", um die Aussicht zu genießen. Der Weg zu den Aussichten muss bewältigbar sein. *Verhaltens- und Bedingungsfaktoren sind aufeinander zu beziehen.* Ob eine Aufgabe krank macht oder nicht, hängt zum einen vom Zusammenspiel zwischen Arbeitsanforderungen und Handlungsspielraum ab, zum anderen von Ressourcen, wie das Effort-Reward-Imbalance-Modell von Johannes Siegrist oder das Job Demand-Control-Modell von Robert Karasek belegen. Das erklärte Ziel dieser Etappe ist also, gesunde Arbeit zu verwirklichen. Am Ende resultiert eine **Beanspruchungsbilanz** nach Rainer Wieland aus den „Hotspots" Mitarbeiter, Führung und Arbeitssituation, die sich auf Gesundheit, Fehlzeiten und Leistung auswirken (siehe Wuppertaler Gesundheitsindex für Unternehmen). Die Abb. 2.5 fasst das Zusammenspiel der Maßnahmen zusammen. Den Sockel bestimmen die Phasen der Maßnahmen und ihre Erfolgsattribute.

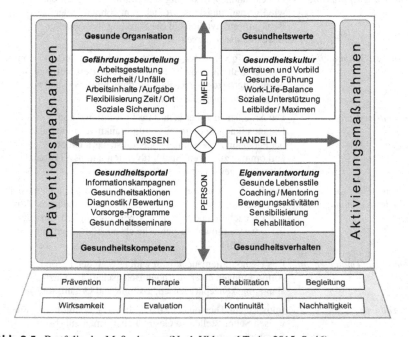

Abb. 2.5 Portfolio der Maßnahmen. (Nach Uhle und Treier 2015, S. 46)

Folgender Reiseproviant ist für die fünfte Etappe mitzunehmen

〉 Maßnahmen der Verhaltensprävention
 ○ *An Menschen ansetzen* – Hierzu zählen Maßnahmen zur Ernährung
   (Ernährungsberatung, Gewichtsmanagement), Bewegung (Ausgleichs-
   gymnastik, Lauftreff, Rückenschule), zum Risikoverhalten (Raucherent-
   wöhnung, Suchtprävention), Stressmanagement (Entspannungstechniken,
   Stressbewältigung) bis zum Empowerment und Gesundheitscoaching. Diese
   und andere Herangehensweisen bilden das POT-Prinzip im Maßnahmen-
   Portfolio (Personal, Organisation, Technik).
 ○ *Erfolgsfaktoren:* Wichtig sind das Erzeugen von persönlicher Betroffen-
   heit und die Nutzung gruppendynamischer Effekte. Verhaltensänderungen
   brauchen Bewusstsein, Zeit und Motivation. Schnell obsiegen im All-
   tag wieder alte Verhaltensmuster. Am besten funktionieren Verhaltens-
   konzepte, wenn sie im Arbeitsalltag reibungslos integriert werden (aktive
   Mittagspause). Die Abbruchquoten (Drop-outs) sind hoch, daher sollte ein
   persönlicher Vertrag definiert werden. Die Einhaltung ist zu überwachen.
   Die Kontrolle darf aber nicht als Zwang erlebt werden, sondern ist als
   Selbstkontrolle zu bestimmen.
〉 Maßnahmen der Verhältnisprävention
 ○ *An Bedingungen ansetzen* – Hiermit sind Maßnahmen zur Arbeits- und
   Organisationsgestaltung gemeint. Dazu gehören altersgerechte Arbeits-
   plätze, Erweiterung der Arbeitsinhalte (Job Enlargement und Enrichment),
   Optimierung der Arbeitsorganisation (Flexibilisierung der Arbeitszeit)
   und nicht zuletzt die Ergonomieberatung. Diese und andere Herangehensweisen bilden das TOP-Prinzip im Maßnahmen-Portfolio gemäß Arbeitsschutz (Technik, Organisation, Personal).
 ○ *Erfolgsfaktoren:* Damit veränderte Bedingungen gelebt werden, sind Mitarbeiter einzubeziehen. Veränderungen des Arbeitsplatzes im Sinne der
   Bildschirmarbeitsverordnung verpuffen, wenn der Mitarbeiter anschließend die alten „Einstellungen" wieder vornimmt. Zudem ist eine Legitimation und Verifikation durch eine integrierte Gefährdungsbeurteilung
   anzustreben. Die Verhältnisse bilden aus gesundheitsdidaktischer Sicht
   den Ermöglichungsraum, wo sich gesundheitsgerechtes Verhalten entfalten
   kann. Daraus resultiert eine Erhöhung der Auftretenswahrscheinlichkeit
   und damit der Nachhaltigkeit.
〉 Maßnahmen der Kulturprävention
 ○ *An Werten ansetzen* – Das Ansetzen der Maßnahmen an Menschen
   und Bedingungen ohne eine gelebte Gesundheitskultur gleicht einem
   „unbefestigten Mosaik", das leicht bei einer Erschütterung wie eine

Restrukturierung auseinanderbricht. Die Gesundheitskultur verknüpft die Maßnahmen und schafft eine authentische, wertekonforme und stabile Umgebung. Sie definiert den Stellenwert der Gesundheit im Handlungskodex der Organisation.

O *Erfolgsfaktoren:* Eine Binsenweisheit, die Führung hat eine Vorbildfunktion und muss im eigenen Verhalten verdeutlichen, dass Aktivitäten rund um Gesundheit erwünscht sind. Das Top-Management sollte keine Versprechungen als Hochglanzbroschüren veröffentlichen und marketingtechnisch aufgebauschte Roadshows fahren („Make-up BGM"), wenn der Wille zur gesunden Organisation nicht glaubhaft in der Strategie hinterlegt ist.

⟩ Partizipation, Aktivierung und Kontinuität

O *Mitmachen ist angesagt* – Informationen, Vorträge können aktivieren, verlieren aber schnell ihre Wirkung, wenn BGM es nicht schafft, von der Information zum Handeln zu kommen (träges Wissen). Die Mitarbeiter müssen dabei selbstverantwortlich an ihrer Gesundheit arbeiten – das bedeutet Anstrengung und persönliche Investition. Das BGM fungiert hier als Hebamme.

O *Nicht aufhören* – Um Effekte zu erzielen, benötigen wir die Bereitschaft der Mitarbeiter, am Ball zu bleiben, aber auch die Bereitschaft der Organisation, durch konstruktive Rahmenbedingungen Gesundheit in der Arbeitswelt zu ermöglichen. Anreizsysteme als extrinsische Faktoren korrumpieren hier keineswegs die Eigenmotivation, sondern unterstützen gezielt die Kondition, sich gesund zu verhalten.

O *Das 1-plus-4-Modell* – Wie kann man Eigenverantwortung aktivieren? V. a. Führungskräfte stehen vor diesem Problem. In dem 1-plus-4-Modell von Klaus Grawe, auch als Modell der therapeutischen Wirkfaktoren bekannt, gibt es neben einem unspezifischen Generalfaktor vier spezifische Ansätze: Grundsätzlich ist eine vertrauensvolle Beziehung zwischen Führungskraft und Mitarbeiter erforderlich. Am Anfang sollte als erster spezifischer Ansatz eine Klärung erfolgen, was Führungskraft und was Mitarbeiter erwarten. Nach dieser emotional-motivational geprägten Auseinandersetzung ist auf kognitiver Ebene zu erörtern, wie konkrete Herausforderungen zu bewältigen und welche Ressourcen hierfür erforderlich sind. Der dritte spezifische Ansatz ist die prozessuale Aktivierung. Kurzzyklische, gemeinsam vereinbarte Kontrollen helfen, entstehende Lücken zwischen Erreichung und Zielvereinbarung zu identifizieren und ggf. eine Kompensation einzuleiten. Der letzte Faktor bezieht sich auf die persönliche Ressourcenorientierung, d. h., dass bei Gesundheitsgesprächen keine Defizitorientierung vorherrscht, sondern der Blick auf Stärken und Kompetenzen gerichtet ist.

> Wer die Wahl hat, hat die Qual …
>   ○ *Beauty Contest* – Maßnahmen sind nicht willkürlich zu wählen. Jede
>   Maßnahme sollte sich einem Qualitätscheck unterziehen. Zu prüfen ist,
>   ob Maßnahmen eine evidenzbasierte Legitimation haben (Gibt es positive
>   Nachweise ihrer Wirkung?). Solche geprüften Maßnahmen sind auch eher
>   durch Sozialversicherungsträger refinanzierbar. Eine Professionalisierung
>   erreicht man aber nicht nur durch die angemessene Maßnahmenwahl, son-
>   dern auch durch die richtigen Partner, die diese Maßnahme umsetzen. Hier
>   sollte auch beachtet werden, ob diese Partner ihre Maßnahmen evaluieren
>   und sich einer kritischen Prüfung stellen (z. B. Zertifizierung).

Die sechste Etappe ist der *Handlung* verpflichtet und zielt auf Veränderung.

2.3   Der Berg ist erklommen!

2.3.1   Siebte Etappe: Evaluation

Wir stehen am Gipfelkreuz und bewundern die atemberaubende Landschaft.
Man kann Beine und Seele baumeln lassen. Es ist nunmehr Zeit, sich des Weges
bewusst zu werden, der zum Gipfelkreuz geführt hat. Eine *Rückschau* offen-
bart die Anhöhen der erstiegenen Etappen und ermöglicht ein Gesamtbild auf
die gesunde Organisation. Die **Evaluation** ist Kernbestandteil eines Gesundheitscontrollings. Viele gut gemeinte BGM-Programme scheitern am Ende oder
lösen sich ohne nachhaltige Wirkung auf, weil sie sich nicht einer selbstkritischen
Bewertung gestellt haben und letztendlich nicht beantworten können, ob sie den
richtigen Weg zum Gipfelkreuz gewählt haben. Eine fundierte Evaluation ist
nur dann möglich, wenn *Vergleichswerte* zum ehemaligen Status bekannt sind.
Voraussetzung ist hierfür, dass Messgrößen festgelegt sind und standardisierte
Messinstrumente verwendet werden. Dabei darf die Evaluation keinen nutzlosen
Datenfriedhof schaffen. Vielmehr benötigen wir ein theoretisches *Modell*, das
die Daten verknüpft und Antworten auf Ursache-Wirkungs-Ketten oder Kausal-
dominanzen erlaubt. Wir wollen wissen, ob der bisherige Weg eine **positive
Gesundheitsbilanz** unter Berücksichtigung der Kosten und Nutzen erzielt. Zur
Berechnung der Bilanz muss auch ein *Change-Check* erfolgen, denn oftmals laufen parallel zu BGM Veränderungsprozesse, die nicht nur Personalbewegungen
nach sich ziehen, sondern auch kontraproduktiv zum Ansinnen der gesunden

Organisation stehen und die Erfolgswahrscheinlichkeit von BGM minimieren
können.

Folgender Reiseproviant ist für die siebte Etappe mitzunehmen

⟩ Vergleichswerte sammeln
  ○ *Messgrößen als Kennwerte* – Zu beachten ist, dass die Evaluation sowohl
    objektive als auch subjektive Datenkanäle zulassen sollte. Gerade weiche
    Kennwerte nehmen an Bedeutung zu, da sie eine höhere Inhaltlichkeit
    und Kausalorientierung zu den Maßnahmen aufweisen. Die Fehlzeiten als
    objektive Kennzahl und „heilige Kuh im Gesundheitscontrolling" ist auf-
    grund ihrer ökonomischen Relevanz stets zu berücksichtigen. Hier sollte
    aber eine erweiterte Fehlzeitenanalyse die Fehlzeitenquote, die wenig
    Aussagekraft für den Zustand einer gesunden Organisation aufweist,
    ergänzen. Tipp: Sprechen Sie hier am besten vom Fehlzeitenlotsen, da
    Fehlzeitenanalyse negativ konnotiert ist. Dabei betrachtet man v. a. Quali-
    tätsfaktoren wie Verteilung und Ausreißer und beachtet die logarithmische
    Abbildung der Fehlzeiten, denn Fehlzeiten verhalten sich nicht linear. Um
    eine Vergleichbarkeit mit Ergebnissen der Ausgangsanalyse zu erzielen,
    müssen Berechnungsvorschriften und Instrumente festgelegt werden.
    Im Hinblick auf die geforderte Kennzahlenqualität wird häufig jedoch
    „geschludert". Die Güte der Kennzahlen hängt zum einen von der Modali-
    tät (befragungs- und dokumentenbasiert) und Beschaffenheit (harte und
    weiche Daten) ab, zum anderen von der inhaltlichen Passung zu den Maß-
    nahmen. Kennwerte sollen *nicht* unzugänglich, ziellos, träge, vergleichlos,
    abstrakt, kontextlos, unvollständig, benutzerunfreundlich, manipulations-
    geneigt und veraltet sein. Viele Anforderungen! Über Check-Listen lassen
    sich Kennzahlen auf ihre Güte kontrollieren.
  ○ *Gesundheitsbefragung* – Der Mensch ist ein hervorragendes Mess-
    instrument für innere Zustände, aber auch für die Erfassung objektiver
    Bedingungen. Mit einer standardisierten, nach sozialwissenschaftlichen
    Regeln konzipierten anonymen Gesundheitsbefragung lassen sich rele-
    vante Kennwerte wie Arbeitsfähigkeit, Gesundheitszustand, Selbstwirk-
    samkeit, Gesundheitsverhalten erfassen und bewerten (Kalibrierung
    durch Normwerte und Benchmarking). Auch lässt sich eine Gefährdungs-
    beurteilung mit der Befragung verknüpfen, um die gemeinsame Wahr-
    nehmung von Arbeits- und Organisationszuständen abzubilden. Der
    Aufwand ist in Relation zur zeitnahen und umfänglichen Abbildung aus-
    sagekräftiger Kennzahlen gering. Viele Organisationen nutzen auch die
    Gesundheitsbefragung als Substitut für die Mitarbeiterbefragung oder

erweitern die Mitarbeiterbefragung mit gesundheitsrelevanten Fragen (Omnibusprinzip). Zudem wird durch eine repräsentative Befragung höhere Akzeptanz erzielt. Die Mitarbeiter sind eingebunden und deren Wahrnehmung wird ernst genommen. Eine Gesundheitsbefragung ermöglicht eine ganzheitliche Betrachtung (keine blinden Flecken).

○ *Risikoanalyse mittels Indikatoren* – Indikatoren haben einen Hinweis- und Ergebnischarakter, d. h., dass sie nicht vollständig ein komplexes Phänomen wie eine gesunde Organisation erfassen. Sie lassen sich aber in einem Risikomanagement unter Beachtung verschiedener Moderatoren wie Alter verknüpfen. Dabei wird zwischen Früh- und Spätindikatoren differenziert. Frühindikatoren setzen am Individuum an (z. B. Gesundheitsverhalten, Einstellungen). Spätindikatoren stellen als Ergebnisse hochverdichtete Informationen am Ende der Gleichung dar (bspw. Absentismus-Quote).

⟩ Werte verknüpfen

○ *Gleichung Gesundheit* – Diese qualitativ unterschiedlichen „Gesundheitsscores" sind durch eine Health Balanced Scorecard zu verknüpfen, um Gesundheitswerte als KPI (Key Performance Indicators) zu bestimmen. In diesem Diagnoseportfolio lassen sich wirtschaftliche Kennwerte („Business" wie Kosten-Nutzen-Analyse, Fehlzeiten oder ROI), gesundheitsrelevante Fakten („Health" wie Ergebnisse aus Gefährdungsbeurteilungen oder Krankenkassenberichten) und kundenorientierte Werte („Service" oder „Quality" wie Nutzungsindex, bedarfsgerechte Angebote, Zufriedenheit) gewichtet miteinander verrechnen. Am Ende der Gleichung stehen die Ergebnisse wie Fehlzeiten oder ökonomische Werte (abhängige Variablen). Ihre Entwicklung wird durch viele Faktoren gemäß dem MTO-Schema (Mensch, Technik, Organisation) beeinflusst. Deshalb müssen wir mehrere Faktoren erfassen, um sie zu erklären (unabhängige Variablen). Die Frühindikatoren wie Gesundheitszustand oder Zufriedenheit setzen am Menschen an und vermitteln zwischen Bedingungen wie Führungsqualität oder Unternehmenskultur (Treiberfaktoren) und Ergebnissen. Dabei variieren die Frühindikatoren in Abhängigkeit von demografischen Faktoren wie Alter oder Geschlecht (Moderatoren). Die Abb. 2.6 illustriert das Gleichungssystem Gesundheit.

○ *Beispiel Fünf-mal-Fünf-Wirkungsmodell* – Das von Rainer Wieland entwickelte Modell zeigt Wirkungspfade auf, um die Beanspruchungsbilanz zu bestimmen. Dabei werden Faktoren der Arbeitssituation, Führung und Mitarbeiter berücksichtigt. Diese Kennwerte verdichten sich in der Beanspruchungsbilanz. Diese wiederum hat Einfluss auf Gesundheit, Fehlzeiten und Leistung der Organisation. Der Wuppertaler Gesundheitsindex

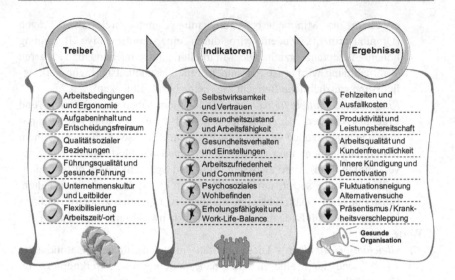

Abb. 2.6 Gleichungssystem Gesundheit (Treiber-Indikatoren-Modell)

für Unternehmen (WGU) fokussiert dabei auf die Verfügbarkeit von gesundheitsrelevanten Ressourcen. Als Inputbereiche werden Arbeitsgestaltung,
Führung und Gesundheitskompetenz der Mitarbeiter erfasst. Die Prozess-
variable ist die Beanspruchungsbilanz. Ergebnisse zum Gesundheitszustand,
zu Fehlzeiten und zur Leistung stellen den Output dar.
⟩ Erfolge offenbaren
   ○ *Fehlzeiten* – Das Gesundheitscontrolling greift oftmals einseitig auf sta-
     tische Werte wie die Fehlzeitenquote zur Legitimation zurück. Eine
     erweiterte Fehlzeitenanalyse im Sinne des Fehlzeitenlotsen bietet sich hier
     an, denn ohne neue Daten zu generieren, lässt sich die Sensibilität und
     Aussagekraft der Fehlzeiten erhöhen, indem man angepasste Algorithmen
     verwendet, die die Fehlzeitenqualität widerspiegeln. Eine Verknüpfung mit
     den Gesundheitsdaten ist sodann möglich.
   ○ *Indizes für Ressourcen und Risiken* – Je nach Ausprägung finden sich
     Risiken und Ressourcen in den Treibern – das sind Führungsqualität,
     Unternehmenskultur, Qualität der sozialen Beziehungen, Arbeits- und
     Organisationsbedingungen sowie Aufgabengestaltung. Die integrierte
     Gefährdungsbeurteilung ermöglicht hier eine standardisierte Erfassung
     des Gefährdungsindex. Ein weiterer Kennwert ist der personenbezogene
     Risikoindex. Hier werden beeinflussbare Risikofaktoren wie Übergewicht,

psychosozialer Stress oder Rauchen anonym bei den Mitarbeitern erfasst und als aggregierter Kombinationsindex berechnet. Denn für die Ausfallwahrscheinlichkeit ist das Zusammenkommen von Risiken in einer Durchschnittsperson (segmentierbar z. B. nach Alters-, Tätigkeitsgruppen – Mindestgröße aus statistischer Sicht 15 Personen) maßgeblich. Das Ziel besteht in einer altersbezogenen „gesunden" Verteilung des Risikokombinationsindex.

○ *Erlebte Gesundheit* – Am Ende wird der Mitarbeiter als Maßstab für die erlebte Gesundheit entscheiden, ob BGM funktioniert oder nicht. Dieses subjektive Maß lässt sich standardisiert für die Organisation hochrechnen und damit als Effektivitätsgröße festlegen. Die zugrunde liegenden Gesundheitsscores sind die Inhaltsvektoren der Evaluation. Dazu gehören u. a. die Arbeitsbewältigung, das Gesundheitsbewusstsein, der -zustand, das -verhalten, die Erholungsfähigkeit und die Selbstwirksamkeit.

○ *Wirtschaftlicher Erfolg* – Ist es sinnvoll, die Wirtschaftlichkeit von Gesundheitsförderung zu erheben? Wenn wir Maßnahmen im Bereich BGM nicht als „Sozialklimbim" degradieren wollen, müssen wir nachweisen, dass das Unternehmen langfristig aus wirtschaftlicher Sicht von Mehrkomponentenprogrammen des BGM profitiert. Ergebnisse von Studien ermuntern, denn der ROI (Return on Investment) beträgt zwischen 1:2 und 1:10 für Absentismus und zwischen 1:2 und 1:6 für medizinische Kosten. Auch ist empirisch bestätigt, dass BGM-Programme Fehlzeiten reduzieren können, aber nur dann, wenn Ausdauer und Ganzheitlichkeit gewährleistet sind. Fehlzeiten können zwar anfänglich aufgrund von BGM zunehmen (Sensibilitätssteigerung, Abbau von Präsentismus etc.), langfristig wirkt es sich aber positiv in der Bilanz aus, da bspw. keine Verschleppung mit Folge der Chronifizierung von Krankheiten erfolgt. Positiv wirkt sich zudem BGM auf die Fehlzeitenqualität aus. Bei der ökonomischen Betrachtung sollte man sich vom Rückwärtsmodell lösen und das ökonomische Potenzial von BGM betrachten. Das Modell des prospektiven ROI kalkuliert die Kosteneffektivität hinsichtlich der Maßnahmen im Vorfeld, indem die Kosten (v. a. Ausfall- und Transaktionskosten) der gesundheitlichen Auswirkungen von beeinflussbaren Risikofaktoren wie Übergewicht, psychosozialer Stress oder Bewegungsmangel in die Zukunft extrapoliert werden. Die Ausfallwahrscheinlichkeit wird erfasst und in „Geldwerten" verrechnet. Eine erweiterte Betrachtung ist der ROP (Return on Prevention), der weitere wirtschaftlich relevante Erfolgsfaktoren wie Imagesteigerung und Qualität der Leistung berücksichtigt. Auch kann man klassische Finanzkennzahlen wie HCVA (durchschnittliche Wertschöpfung des Humankapitals) und EBIT-Marge (Gewinn und Umsatz berücksichtigend) in Relation zur Investition BGM nutzen. Dabei sollte man aber als Korrektiv auf Leistungskennzahlen wie Nutzungsindex oder Betreuungsquote zurückgreifen. Als Effizienzmaß empfehlen wir, die Kosten ungestörter Arbeitsstunden zu berechnen, denn dieser Indikator stellt den Aufwand der Organisation zur Gewährleistung einer Stunde ungestörter Arbeit dar.

○ *BGM-Cockpit* – Im Cockpit werden die Erfolgsdaten vereinigt und mit ursächlichen Faktoren verknüpft, um Nutzen des BGM und Kausalitäten zu vermitteln. Einzelne Kennzahlen besitzen nur eine begrenzte Aussagekraft. Ein tiefenscharfes Bild wird erzielt, wenn mehrere Kennzahlen in Beziehung gesetzt werden. Das BGM-Cockpit stellt Kennzahlen aus dem Gleichungssystem Gesundheit (s. Abb. 2.6) übersichtlich in einer Management-Gesamtsicht zur Verfügung und ermöglicht damit, Wirkungspfade zu erkennen und Handlungsentscheidungen auszurichten.

Die siebte Etappe ist der *Bewertung* verpflichtet und zielt auf Legitimation.

2.3.2   Achte Etappe: Konsolidierung

Die nunmehr geübten Wanderer können ihr Wissen verstetigen und zu weiteren Wanderungen aufbrechen. BGM folgt dem Managementkreislauf (Strategie → Planung → Entscheidung → Durchführung → Kontrolle/Feedback). Dieser Kreislauf ist im Qualitätsmanagement als PDCA-Zyklus bekannt (Plan → Do → Check → Act). Gleichviel, auf welches Modell zurückgegriffen wird, das Leitkonzept der Konsolidierung findet sich im **Qualitätsmanagement** wieder. Ein *qualitätsorientiertes BGM* zielt auf Standardisierung. Die *DIN SPEC 91020* verspricht hier einen für BGM spezifischen Standardisierungsansatz (Vorstufe zu einer entwicklungsbegleitenden Normung) und bezieht sich auf Ressourcen, Strukturen und Prozesse. Tab. 2.3 fasst die Ansatzpunkte für eine qualitätsgesicherte Standardisierung im BGM zusammen. Diverse Awards wie der Corporate Health Award setzen auf diese qualitätsorientierte Sichtweise. Es gibt weitere Ansätze, die zur Konsolidierung von BGM beitragen können. Dazu zählt im deutschsprachigen Raum das *Modell SCOHS* (Social Capital & Occupational Health Standard) von Bernhard Badura (Universität Bielefeld). Neben Ressourcen, Prozessen und Strukturen berücksichtigt SCOHS die Verantwortung des Managements und fokussiert dabei Messbarkeit, Prüfbarkeit und Steuerbarkeit von BGM. Hervorzuheben ist, dass nicht nur Risikofaktoren, sondern auch Ressourcen in die

Waagschale geworfen werden. Eine wichtige Ressource ist hier das **Sozialkapital** als Maß für die Qualität sozialer Beziehungen in der Organisation. Eine Konsolidierung kann dann nach Auditierung zur Zertifizierung führen, damit andere Wanderer wissen, ob der Weg für ihn passt. Aus BGM-Sicht sind v. a. die Verankerung der Gesundheitsförderung in die Primärstruktur, die Stärkung des Human- und Sozialkapitals, die Optimierung gesundheitsförderlicher Strukturen von der Arbeitsgestaltung bis zur Gesundheitskultur, gesundheitsfördernde Führung und die Steigerung der Produktivität und Wirtschaftlichkeit als Anforderungen für ein qualitätsorientiertes BGM zu definieren.

Tab. 2.3 Ansatzpunkte für eine qualitätsgesicherte Standardisierung

Ansatzpunkte	Erfolgskriterien	Erläuterung
Ressourcen	Qualität	• Dokumentationspflicht • Check der Machbarkeit und Wirksamkeit • Ziel: Zertifizierung und Auditierung
	Ganzheitlichkeit	• Verhältnisprävention wie Ergonomie • Verhaltensprävention wie Bewegung • Kulturprävention wie Leitbild
	Konsistenz	• Abstimmung der Maßnahmen • Verdrängungs- und „Kannibalisierungseffekte" • Aufbauendes Maßnahmenportfolio
Prozesse	Strategie	• Zielkarte Gesunde Verwaltung (mehr als Leitbild) • Eindeutiges Credo vom Top-Management • Aktive Einbindung der Führungskräfte
	Koordination	• Lenkungskreis „Gesundes Unternehmen" • Arbeitsgruppen nach Präventionsstufen • Projektmanagement
	Legitimation	• Gesundheitscontrolling (Ausfallkosten) • Gesundheitsmonitoring (Gesundheitszustand) • Integrierte Gefährdungsbeurteilung als Risikocheck
Strukturen	Verankerung	• Primärorganisation (nicht nur Projekt) • Vernetzung mit Externen (z. B. Hochschule) • Klare Ansprechpartner (Rollendefinition)
	Personal	• Keine Nebentätigkeit „Gesundheit" • Qualifizierung (z. B. BEM, Suchtberatung) • Konzertierte Aktion (Arbeitsschutz, Personal usw.)
	Nachhaltigkeit	• Verbindliches Budget (kein Bettelstatus) • Planbarkeit (3–5 Jahre Planungshorizont) • Refinanzierungskonzept (Anschubfinanzierung)

Modell mit Beispielnennungen und Gewichtungen

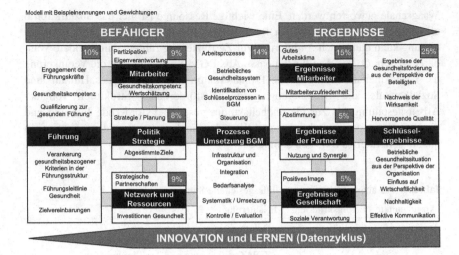

Abb. 2.7 EFQM-Modell in Bezug auf Gesundheitsförderung. (Nach Uhle und Treier 2015, S. 227)

Folgender Reiseproviant ist für die achte Etappe mitzunehmen

〉 Leitkonzept Qualität

○ *Nur ein Gepäckstück?* – JA, wir empfehlen EFQM (European Founda-
tion for Quality Management) als Modell des ganzheitlichen Qualitätsmanagements (TQM), weil es eine übergeordnete Kompassfunktion zur
gesunden Organisation ermöglicht. Ferner schafft es die Basis für einen
konsensorientierten Findungsprozess hinsichtlich Akteure und Ressorts.
Die ergebnisorientierte Steuerung definiert Erfolgsgrößen und Prüfpunkte. Damit lassen sich Einflussgrößen und deren Wirkung aufzeigen.
Dieses Modell begleitet bei der selbstkritischen Prüfung, um Stärken und
Schwächen zu identifizieren und damit knappe Ressourcen zu priorisieren.
Schlussendlich schafft das EFQM-Modell einen anerkannten Referenz-
rahmen. Also viele Argumente, um dieses Modell als Reiseproviant mitzunehmen! Weitere Informationen: http://www.efqm.org

○ *EFQM-basiertes BGM-Modell* – Das EFQM-Modell eignet sich als Platt-
form zur Konsolidierung, denn das zugrunde liegende Kriteriensystem
erfasst Erfolgsgrößen und Prüfpunkte einer qualitätsorientierten Herangehensweise im BGM (Abb. 2.7). Es betrachtet nicht nur die Ergebnis-
kriterien wie Zufriedenheitswerte, die Inanspruchnahme von Angeboten

oder den Krankenstand, sondern verknüpft diese „kausal" mit den Befä-
higern. Dabei handelt es sich um Prozesse, die das Gesundheitssystem
der Organisation bestimmen, aber auch um Strategie, Partnerschaften und
Führung. Die Reflexion der Mittel und Wege zum Erfolg zielt auf Exzel-
lenz, die nur durch das Bekenntnis zur Verantwortung für eine nachhaltige
Zukunft und unter Berücksichtigung der Anforderungen aller Anspruchs-
gruppen erzielt werden kann.

Die achte Etappe ist der *Qualität* verpflichtet und zielt auf Standardisierung.

Geschafft!

Geschafft! Was für eine Tour! Beschwerlich zu Beginn,
erfreulich auf der Endetappe, immer spannend und lehr-
reich. Den Gipfel zur gesunden Organisation zu ersteigen,
ist mühsam, aber lohnenswert. Wollen wir nach dieser
Tour weiterwandern? Ja, auf jeden Fall!

Ein nahendes Gewitter lässt die Wanderer aufhorchen und eilig eine Ein-
kehr suchen. Bis das Unwetter vorbeizieht, besteht Zeit zur Muße und
Reflexion. So manche Geschichten werden in gemütlicher Runde erzählt.
Die Schilderungen handeln von gelungenen Wanderungen. Und genau das
interessiert am Ende unserer Reise: Was sind die Erfolgsfaktoren im BGM?

Folgende Leitfragen können uns bei der Reflexion behilflich sein

- *Was hat besonders gut funktioniert?* Bei welchen Maßnahmen haben wir hohe
  Beteiligungsquoten? Was interessiert die Mitarbeiter? Diese Stärken sind
  unsere Erfolgsgaranten für eine nachhaltige Zukunft der Organisation mit
  gesunden und arbeitsfähigen Mitarbeitern.
- *Was hat nicht so gut funktioniert?* Warum finden bestimmte Gesundheitsförde-
  rungsmaßnahmen keinen Anklang? Warum haben sich bestimmte Zielgruppen
  gesperrt? Hier verbergen sich unsere Verbesserungspotenziale, die im Sinne
  einer lernenden Organisation aktiv anzugehen sind.
- *Sind alle Pflichtmodule umgesetzt?* Arbeitsgestaltung, Informations- und
  Kommunikationsmanagement, psychosoziale und arbeitsmedizinische Betreuung,
  Mitarbeiterpartizipation und BEM – haben wir unsere Hausaufgaben vollständig
  erledigt?

© Springer Fachmedien Wiesbaden GmbH, ein Teil von Springer Nature 2019
M. Treier und T. Uhle, *Einmaleins des betrieblichen Gesundheitsmanagements*,
essentials, https://doi.org/10.1007/978-3-658-23311-2_3

- *Wie sieht es mit den Kürmodulen aus?* Haben wir Schwerpunktaktionen und Programme für bestimmte Zielgruppen in unserem Portfolio? Haben wir die Themen „Psyche" und „Körper" gleichermaßen bedient?
- *Sind unsere Gesundheitskennzahlen richtig ausgewählt?* Liefern uns die Kennzahlen auch Werte, mit denen wir arbeiten können? Sind sie gestaltungsorientiert? Sollten wir feststellen, dass unsere Kennzahlen nicht funktionieren, dann müssen wir sie korrigieren. Oft ist bei der Entwicklung eines Kennzahlensystems externe Expertise hilfreich.
- *Haben wir unser Ziel erreicht?* Wenn nicht, woran lag es? Sind unsere Ziele überhaupt realistisch und damit erreichbar?
- *Wie geht es weiter und wie gestalten wir unser BGM 4.0?* In Anlehnung an Arbeiten 4.0 (vernetzt, digital, flexibel) wollen wir BGM weiter denken. Wie gewährleisten wir den Transfer auf künftige Situationen? Wie gehen wir mit Veränderungen in der Organisation um? Wie binden wir Zielgruppen wie Beschäftigte im Schichtbetrieb, Leistungsgewandelte oder Teilzeitkräfte ins BGM ein? Diese und andere Fragen kommen spätestens in der Phase der Konsolidierung auf uns zu (Abschn. 2.3.2).

3.1 Erfolgsfaktoren im BGM

Während der Wanderung entlang der Etappen haben sich einige Wanderer Andenken mitgenommen. Diese „Trophäen" symbolisieren die Erfolgsfaktoren im BGM (Abb. 3.1). Nachdrücklich ist allen in der Wandergruppe bewusst, dass nur eine **konzertierte und koordinierte Aktion** im BGM erfolgreich ist. In der Tab. 3.1 werden *etappenübergreifende Erfolgsfaktoren* zusammengefasst.

> Eine gesunde Organisation ist dem *Erfolg* verpflichtet und zielt auf Wachstum.

> **BGM bleibt spannend** – Gesunde Arbeitswelten zu schaffen, ist aber wie Rudern gegen den Strom. Hört man auf, treibt man zurück. Also machen wir uns auf zur nächsten Wanderung!

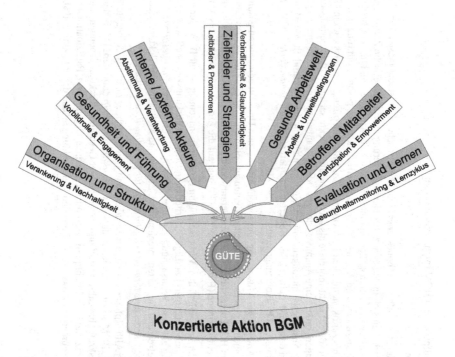

Abb. 3.1 Erfolgsfaktoren im BGM

Tab. 3.1 Erfolgsfaktoren und Prüfpunkte im BGM (alphabetisch sortiert)

Erfolgsfaktor	Erläuterungen
Bewertung	Wer wähnt, dass Gesundheit ein hohes, aber nicht ökonomisches Gut ist, der täuscht sich. Wirtschaftlichkeit und Gesundheit verhalten sich in Anbetracht der Herausforderungen wie siamesische Zwillinge. BGM muss sich kontinuierlich einer Evaluation stellen, um ihre Wirksamkeit nachzuweisen. Die verschiedenen Bewertungspunkte vom Gesundheitszustand und Arbeitsfähigkeit der Betroffenen über gesunde Führung und Gesundheitskultur der Organisation bis zur ökonomischen Reflexion wie Ausfallkosten offenbaren, dass wir ein *Gesundheitscockpit* benötigen, um sowohl nicht-monetäre als auch monetäre Aspekte sachgerecht zu berücksichtigen. Auch gesetzliche Regelungen fordern eine Anamnese der gesunden Organisation ein. Die Diagnose am Anfang ermöglicht eine Erfassung der Ausgangsbedingungen. Am Ende gilt es, nicht nur die Wirksamkeit von Maßnahmen, sondern auch den Reifegrad des BGM zu beurteilen. Bewerten erfordert ein *kennzahlenbasiertes BGM* im Sinne des Gesundheitsmonitorings und Risikomanagements
Ermöglichung	BGM ist ein Angebot zur Mitwirkung, um sowohl Arbeits- und Umweltbedingungen gesundheitsgerecht zu gestalten, als auch das eigene Gesundheitsverhalten zu optimieren. Mitarbeiter werden durch verschiedene Handlungsfelder im BGM unterstützt, ihre Selbstverantwortung und Gesundheiterhaltung wirksam für eine gesunde Organisation einzubringen (Empowerment). BGM baut auf die *Eigenverantwortung* als Maxime
Lernen	Das Prinzip der kontinuierlichen Verbesserung im Qualitätsmanagement ist für BGM der Innovationsmotor, denn nur so lassen sich Befähiger- und Ergebniskriterien in Ursache-Wirkungsketten effektiv verknüpfen. Jedes Ergebnis muss in Bezug auf seine Verursachung diskutiert werden. Dabei hilft ein *datengestützter Lernzyklus*, der sich von Annahmen befreit und die Fakten sprechen lässt. Zudem sind Maßnahmen zu dokumentieren, um im Sinne des Wissensmanagements eine *lernende Organisation für Gesundheit* zu erschaffen
Mitwirkung	BGM ist kein Allheilpflaster. Wenn der Krankenstand steigt, reicht es nicht aus, Angebote zu offerieren. Vielmehr ist es wichtig, BGM so zu konzipieren, dass das *Subsidiaritätsprinzip* dominiert. Das bedeutet, dass Mitarbeiter und Führungskräfte bzw. ihre Vertretungsorgane bei der Gestaltung direkt eingebunden sind. *Partizipation* schafft hohe Akzeptanz und berücksichtigt die Besonderheiten einer Organisation. Partizipation benötigt aber auch Knowhow und Ressourcen (Empowerment). Fort- und Weiterbildungen sind daher flankierend abzubilden

(Fortsetzung)

Tab. 3.1 (Fortsetzung)

Erfolgsfaktor	Erläuterungen
Reihung	BGM verquirlt sich schnell zu einem gordischen Knoten, wenn an mehreren Prozessen unabhängig voneinander begonnen wird. Die Entwirrung des Knotens sollte nicht das Ziel sein. Um ein systematisches BGM einzuführen, sollte man die Kernprozesse der Diagnose, Planung, Intervention und Evaluation in einer *Wert(schöpfungs)kette* definieren. Durch mangelnde Kongruenz und Konsistenz entstehen Streuverluste, die sich BGM nicht leisten kann, um einen Wertbeitrag zur gesunden Organisation zu erzielen
Steuerung	Gesundheitsförderung bezieht sich auf Verhaltenssteuerung. BGM benötigt ferner eine *Systemsteuerung*. Gesundheitssensitive Vergütungs-, Zielvereinbarungs-, Feedback- und Entwicklungssysteme sowie die Bereitstellung von Ressourcen formen ein unterstützendes Managementsystem. Gesundheit in Organisationen kann man nicht nur durch die Anwaltschaft der Rechtsprechung erzwingen, sondern eine gesunde Organisation erfordert ein *strategisches Steuerungskonzept*
Verankerung	BGM benötigt eine *stabile Verankerung* in der Organisation, um Kurzatmigkeit zu verhindern. Keine einzelne Person kann diese Aufgabe bewältigen. Die Komplexität erfordert Arbeitskreise und Steuergremien. Am Anfang bewährt sich aufgrund der Rollenunklarheit eine *Projektorganisation*. Später sollte man über eine Überführung in die Legalorganisation nachdenken, um eine nachhaltige Abbildung von BGM zu erwirken
Verantwortung	BGM ist eine Führungsaufgabe und liegt damit in deren Verantwortung. Wenn Führung Gesundheit als Asset (Vermögenswert) begreift und vom Top-Management unterstützt wird, dann kann sich *gesunde Führung* entfalten. Führungskräfte sollten den Mitarbeitern im Kontext Gesundheit Vorbild sein, ihre Mitarbeiter befähigen, Ressourcen zur Verfügung stellen und Eigenverantwortung ermöglichen. Wir empfehlen, ein Feedbacksystem zu installieren, damit das Thema nicht an Aufmerksamkeit verliert. Aber nicht nur Führung allein, sondern alle Akteure müssen Gesundheit als gemeinsame Verantwortung begreifen
Verbindlichkeit	Von großer Tragweite ist das Bekenntnis zur gesunden Organisation. In Betriebsvereinbarungen, Unternehmensleitlinien, Führungsgrundsätze wird das Verständnis von Gesundheit verbindlich festgelegt. Gerade am Anfang ist „Schriftlichkeit" einzufordern, um *Verpflichtung* und damit *Glaubwürdigkeit* zu schaffen

(Fortsetzung)

Tab. 3.1 (Fortsetzung)

Erfolgsfaktor	Erläuterungen
Vernetzen	Vernetzung bezieht sich auf interne und externe Kooperationen. Netzwerke mit anderen Unternehmen, Hochschulen, Bildungseinrichtungen, Sozialversicherungsträgern, Gewerkschaften, Berufsgenossenschaften oder Sportvereinen bieten sich an, um zum einen *Know-how* zu sichern und zum anderen professionelle Ansprechpartner für die Handlungsfelder im BGM zu gewinnen. Intern ist es essenziell, sich mit anderen Managementbereichen wie Umwelt zu vernetzen, denn so lassen sich *Synergien* schaffen
Verstehen	Wenn man im Bereich Gesundheit etwas bewegen will, muss man aktivieren. Das Thema Gesundheit braucht ein *Gesicht*. Gesundheitskommunikation und Gesundheitsmarketing sind zwei flankierende Ansätze, um die Selbstwirksamkeit und die Gesundheitskompetenz beim Mitarbeiter zu steigern sowie für Gesundheitsangebote auf Organisationsebene zu werben. Vielfach wird die interne Öffentlichkeitsarbeit als Impulsgeber bagatellisiert. Eine Bündelung der Kommunikations- und Informationskampagnen in Portalen und eine Verschiebung von der *Push-* *zur Pullkommunikation* ermöglichen Verstehen

3.2 Gebote für ein wirksames BGM

Was sind die zehn Gebote für ein „gutes" BGM? Aus der Evaluation von BGM-Konzepten im Rahmen der Reifegradbestimmung resultieren als Quintessenz die Gebote für ein modernes und wirksames BGM in Anlehnung an die Erfolgsfaktoren (Abschn. 3.1). Sie tragen zur Orientierung bei, um BGM nachhaltig und systematisch zu implementieren (Abb. 3.2).

Abb. 3.2 Zehn Gebote zum BGM

1. Gebot: **Binden Sie Führungskräfte aktiv ein,** denn sie stellen die entscheidende Schnittstelle zwischen Mitarbeitern und Organisation dar. Dabei sind Führungskräfte zum einen selbst Adressat der gesundheitsförderlichen Maßnahmen und zum anderen Unterstützer für gesundheitsförderliche Maßnahmen bei den Mitarbeitern. Eine gesunde Organisation mit gesunden Mitarbeitern ist Führungsaufgabe (Fürsorgepflicht). Führung ist der verlängerte Arm des BGM und erreicht die Mitarbeiter im Arbeitsalltag.

2. Gebot: **Machen Sie nicht alles allein,** denn dafür ist das Thema zu komplex. Aktivieren und vernetzen Sie interne und externe Akteure, die aus ihren unterschiedlichen Perspektiven einen Beitrag zur gesunden Organisation leisten können. Intern sind Arbeitsschutz, Personalentwicklung, betriebliches Eingliederungsmanagement oder Arbeitsmedizin zu nennen. Extern sollten Sie auf Sozialversicherungsträger, Gewerkschaften, Hochschulen zugehen, denn diese bieten eine Vielzahl von Unterstützungsangeboten und begleitende Fachkunde an, um über den eigenen Tellerrand zu schauen. BGM koordiniert diese Akteure und richtet deren Bemühungen auf das gemeinsame Ziel aus.

3. Gebot: **Schaffen Sie ein klares Credo für die gesunde Organisation,** denn Verbindlichkeit und Glaubwürdigkeit sind hier die Erfolgsmarker. Es bedarf einer strategischen Positionierung des Themas innerhalb der „Strategy Map" der Organisation. Ein klares Bekenntnis des Top-Managements ist erforderlich und sollte öffentlich abgebildet sein. Fordern Sie ein eindeutiges Credo „Wir wollen eine gesunde Organisation." ein! Und zu einem solchen Credo gehört auch eine klare Zusage zur Budgetierung.

4. Gebot: **Verankern Sie BGM in der Organisation,** denn nur so verhindern Sie Kurzatmigkeit. Die Komplexität erfordert Abstimmungsprozesse bspw. mithilfe von Arbeitskreisen oder Gremienarbeit. Am Anfang ist aufgrund der Rollenunklarheit eine Projektorganisation angemessen, aber diese Form sollte kein Dauerzustand sein. Schon frühzeitig sollte man sich Gedanken machen, wie das Projekt „Gesunde Organisation" stabil in die Primärorganisation überführt werden kann.

5. Gebot: **Machen Sie Ihre Mitarbeiter zu Beteiligten,** denn die Organisation kann Impulse geben und Angebote schaffen, aber ein gesunder Lebensstil muss vom Mitarbeiter kommen. Daher gilt es, die Eigeninitiative zu fördern. Eigenverantwortung steht im Vordergrund. Partizipation setzt aber Empowerment voraus, das heißt, dass die Mitarbeiter in ihren Bemühungen, arbeitsfähig zu bleiben, entsprechende Ressourcen benötigen. Stellen Sie sich die Frage, ob Ihre Mitarbeiter möglicherweise selbst Träger von Gesundheitsmaßnahmen werden können!

6. Gebot: **Entwickeln Sie eine Maßnahmenmatrix,** denn viel zu oft dominieren einzelne Angebote bspw. im Verhaltensbereich (Bewegung oder Stress). Dadurch kann es passieren, dass notwendige Maßnahmen im Verhältnisbereich (Arbeitsplatzgestaltung oder Führung) außer Acht gelassen werden. Verhalten- und Verhältnismaßnahmen sind in der Maßnahmenmatrix ausgewogen aufeinander auszurichten.

7. Gebot: **Bleiben Sie nicht stehen,** denn Lernen ist für eine gesunde Organisation unerlässlich. Evaluation und Gesundheitsmonitoring sind kein Selbstzweck, sondern geben Impulse für einen Lernzyklus im Sinne des Qualitätsmanagements. Wir brauchen einen kontinuierlichen Verbesserungsprozeß, um uns sukzessive zur gesunden Organisation zu entwickeln.

8. Gebot: **Kommunizieren Sie,** denn Verstehen und Erleben sind die Katalysatoren für eine gelebte gesunde Organisation! Nicht nur Push-, sondern auch Pull-Kommunikation ist erforderlich. Denken Sie hier bspw. an interaktive Foren im Intranet zu Themen wie Ernährung.

9. Gebot: **Bewerten Sie Ihren Erfolg,** denn nur so können Sie dem Stigma „Sozialklimbim" entgegentreten. Es lohnt sich zu zeigen, dass die Investition in Gesundheit keine Verschwendung darstellt. Im Gegenteil, man kann mit einer gesunden Organisation „Geld verdienen" (Return on Prevention).

10. Gebot: **Geben Sie nicht auf!** Machen wir uns nichts vor – Sie müssen oftmals um knappe Ressourcen buhlen. Je mehr es Ihnen gelungen ist, den Erfolg nachzuweisen, desto einfacher wird es sein, neue Ressourcen zu erstreiten. Es wird auch Rückschläge geben. Studien belegen, dass bspw. nach gesundheitsfördernden Kampagnen Fehlzeiten sogar zunehmen, da wir Achtsamkeit und Gesundheitsbewusstsein unserer Mitarbeiter stärken. Entscheidend sind die Langzeiteffekte – und hier gibt es Hoffnung, denn immerhin kann man ca. 20 bis 30 Prozent der Fehlzeiten bei normaler Abbildung positiv beeinflussen. Aber es geht nicht nur um Reduktion von Fehlzeiten, denn wer langfristig ins BGM investiert, gewinnt auch an Sozialkapital (Führung, Kultur etc.) und Image (Employer Branding).

Unser Tipp: Nehmen Sie sich etwas mehr Zeit, den richtigen Proviant am Anfang zu organisieren und zu packen, bevor Sie die Wanderung zur gesunden Organisation starten. Denn viele haben zu knapp kalkuliert und müssen dann auf halbem Weg zurückkehren. Ihnen geht dann im wahrsten Sinne des Wortes die Puste aus. „Asthmatisches" BGM ist kein gutes BGM.

Was Sie aus diesem *essential* mitnehmen können

- Nehmen Sie sich Zeit, wenn Sie BGM einführen wollen. Kurzatmiger Aktionismus schadet dem nachhaltigen Ziel einer gesunden Organisation. Eine fundierte Planung und ein Navigationssystem sind beim Wandern hilfreich.
- Die gesunde Organisation ist nur in einer koordinierten und konzertierten Aktion der Handlungsfelder der gesunden Arbeitswelt wie BGF, AGS oder BEM zu erzielen. Nutzungskonkurrenzen und Ressortegoismen sind zu vermeiden.
- BGM zu implementieren erfordert einen Reiseführer, denn es sind viele Aufgaben zu bewältigen. So reicht es nicht aus, attraktive Angebote rund um Gesundheitsförderung zu platzieren und Gefährdungsrisiken zu minimieren, sondern aus BGM-Sicht sind Strukturen und Prozesse die Säulen für einen nachhaltig wirksamen Managementansatz.
- Am Anfang empfehlen wir die Projektorganisation. Aber am Ende ist eine stabile Verankerung in die Legalorganisation anzustreben.
- Dabei hilft die Evaluation, das BGM von der „Sozialklimbim-Annahme" befreit und seine Bedeutung in Anbetracht der Herausforderungen belegt. Keine Scheu vor dieser Legitimationsfunktion! Sie kann BGM regelrecht beflügeln. Viele Studien belegen die Wirksamkeit eines systematisch eingeführten und langatmigen Mehrkomponentenprogramms im BGM.
- BGM ist erfolgreich, wenn bestimmte Gebote bei der Implementierung beachtet werden. Der Dreisatz „Verantwortung, Mitwirkung und Verstehen" kennzeichnet ein modernes und adressatenorientiertes BGM-Konzept.

© Springer Fachmedien Wiesbaden GmbH, ein Teil von Springer Nature 2019
M. Treier und T. Uhle, *Einmaleins des betrieblichen Gesundheitsmanagements*,
essentials, https://doi.org/10.1007/978-3-658-23311-2

Vertiefende Literatur zum Weiterlesen

Grundlage für dieses *essential*

Uhle, T., & Treier, M. (2015).*Betriebliches Gesundheitsmanagement: Gesundheitsförderung in der Arbeitswelt – Mitarbeiter einbinden, Prozesse gestalten, Erfolge messen* (3. Aufl.). Berlin: Springer.

Empfehlenswerte Fachliteratur

Badura, B., Walter, U., & Hehlmann, T. (2010). *Betriebliche Gesundheitspolitik: Der Weg zur gesunden Organisation* (2. Aufl.). Berlin: Springer. [Legitimation der betrieblichen Gesundheitspolitik, Instrumente und Empirie, Orientierung an das Sozialkapital, Beiträge von BGM-Experten].

Bamberg, E., Ducki, A., & Metz, A.-M. (Hrsg.). (2011). Gesundheitsförderung und Gesundheitsmanagement in der Arbeitswelt – Ein Handbuch. Göttingen: Hogrefe. [Potpourri von BGF-/BGM-Themen von der Konzeptionierung bis zu Maßnahmen, Themen wie ältere Mitarbeiter oder gendersensible BGF, Perspektivenvielfalt durch verschiedene Autoren, Schwerpunkt Arbeits- und Organisationspsychologie].

Becker, E., Krause, C., & Siegemund, B. (2014). Betriebliches Gesundheitsmanagement nach DIN SPEC 91020: Erläuterungen zur Norm für den Anwender. In DIN e. V. (Hrsg.). Berlin: Beuth. *[Kommentierte Diskussion der Norm, Prüf- und Erfolgskriterien eines ganzheitlichen und systematischen BGM].*

Deutsche Gesellschaft für Personalführung e. V. (Hrsg.). (2014). Integriertes Gesundheitsmanagement – Konzept und Handlungshilfen für die Wettbewerbsfähigkeit von Unternehmen. In der Schriftenreihe DGFP-Praxis Edition, Bd. 107. Bielefeld: Bertelsmann. *[Beraterorientierte Darstellung zur Implementierung eines ganzheitlichen BGM mit Anwendungshilfen und Unternehmensbeispielen].*

© Springer Fachmedien Wiesbaden GmbH, ein Teil von Springer Nature 2019
M. Treier und T. Uhle, *Einmaleins des betrieblichen Gesundheitsmanagements,*
essentials, https://doi.org/10.1007/978-3-658-23311-2

Esslinger, A. S., Emmert, M., & Schöffski, O. (Hrsg.). (2010). Betriebliches Gesundheitsmanagement – Mit gesunden Mitarbeitern zu unternehmerischem Erfolg. Wiesbaden:
Springer Fachmedien. *[Umfassende Darstellung BGM aus theoretischer und praxisori-
entierter Sicht, Berücksichtigung aktueller Themen wie Age Management, Perspektivenvielfalt durch verschiedene Autoren].*

Faller, G. (Hrsg.). (2017). Lehrbuch Betriebliche Gesundheitsförderung (3. Aufl.) Bern:
Hogrefe. *[Interdisziplinäres Wissen zur BGF, fachlich fundiert, Beiträge zu Handlungs-
feldern wie BEM, AGS].*

Matyssek, A. K. (2013). Praxistipps für betriebliches Gesundheitsmanagement – Fallstri-
cke vermeiden, Stolperfallen umgehen, Menschen gewinnen (2. Aufl). Norderstedt:
BoD. *[Modernes und ansprechendes Format, hohe Praxisorientierung, aufforderungs-
orientierte Leitfibel mit Motivationsfaktor].*

Rudow, B. (2014). Die gesunde Arbeit: Psychische Belastungen, Arbeitsgestaltung und
Arbeitsorganisation (3. Aufl.). München: De Gruyter Oldenbourg. *[Arbeitswissenschaft-
liche Diskussion, Adressierung vieler Themen von der Arbeitsanalyse über Aufgabenge-
staltung bis zur Organisation gesunder Arbeit].*

Struhs-Wehr, K. (2017). Betriebliches Gesundheitsmanagement und Führung: Gesund-
heitsorientierte Führung als Erfolgsfaktor im BGM. Wiesbaden: Springer Fachmedien.
*[Übersicht zum BGM mit Fokus auf gesundes Führen als Erfolgsfaktor, fundierte Dis-
kussion zur Rolle der Führung]*

Tempel, J., & Ilmarinen, J. (2013). Arbeitsleben 2025: Das Haus der Arbeitsfähigkeit im
Unternehmen bauen. In M. Giesert (Hrsg.). Hamburg: VSA Verlag. *[Solides Fundament
für BGM von den Architekten des Hauses der Arbeitsfähigkeit, praxisorientierte Dar-
stellung].*

Ternès, A., Klenke, B., Jerusel, M., & Schmidtbleicher, B. (2017). Integriertes Betriebliches Gesundheitsmanagement – Sensibilisierungs-, Kommunikations- und Motiva-
tionsstrategien. Wiesbaden: Springer Gabler. *[Fundiertes Wissen, wie man im BGM
angemessen sensibilisiert, kommuniziert und aktiviert].*

Treier, M. (2018). Gefährdungsbeurteilung psychischer Belastungen: Begründung, Instrumente, Umsetzung (2. Aufl.). In Springer essentials. Wiesbaden: Springer. *[Praxisorien-
tierte Einführung in das Thema, Instrumente und Handlungsempfehlungen].*

Ulich, E., & Wülser, M. (2018). Gesundheitsmanagement in Unternehmen – Arbeitspsychologische Perspektiven (7. Aufl.). Wiesbaden: Springer Gabler. *[Arbeitswissenschaft-
licher Fokus, Humankriterien der Arbeitswelt, arbeitspsychologische Grundlagen].*

Printed in the United States
by Baker & Taylor Publisher Services

Printed in the United States
By Bookmasters